Doris Zagdanski

Wenn die Worte fehlen

HERDER spektrum

Band 4834

Das Buch

Wie spricht man mit Menschen, für die von einem Tag auf den anderen nichts mehr so ist, wie es einmal war, weil sie einen geliebten Menschen verloren haben? Was kann man noch sagen außer „Es tut mir so leid"? Jeder kennt das Gefühl: Über den Tod spricht man nicht gern. Und wenn man es doch tut, versucht man den eigenen Schmerz und den des anderen zu lindern durch Äußerungen wie „Das Leben geht weiter" – „Mit der Zeit wird es dir besser gehen" – „Andere sind noch viel schlimmer dran". Freunde, Kollegen, Nachbarn, Bekannte und selbst Familienangehörige sind gehemmt, hilflos, fühlen sich unbehaglich. Die Autorin, die selbst ein Kind verloren hat und über jahrelange Erfahrung in der Begleitung Trauernder verfügt, erklärt, warum Trauernden damit nicht geholfen ist. Sie weiß, welche Reaktionsweisen besonders verletzend sind und welche hilfreich. Sie zeigt, warum es so wichtig ist, dass die Trauer der Betroffen, ihr Verlust anerkannt wird – und wie das geht. Denn man braucht gar keine besonderen Fähigkeiten, um Trauernden zur Seite zu stehen. Schritt für Schritt und mit zahlreichen Beispielen zeigt sie, was hilfreich ist, um mit trauernden Menschen über ihre Gefühle zu sprechen. Übungen helfen dabei, sich in die Situation Trauernder hineinzuversetzen und hinzuhören auf das, was sie sagen. Gesonderte Kapitel zu Trauer bei Kindern und zur Rolle der Religion runden das Buch ab. Der umfassende Ratgeber zu einem Problem nahezu aller Menschen, die in Trauer sind: „Einfach und unaufdringlich spricht dieses Buch den Leser an, ein Gewinn in seiner Konkretheit und Erfahrungsfülle." (Monika Müller, Ansprechstelle im Land NRW zur Pflege Sterbender, Hospizarbeit und Angehörigenbegleitung/ALPHA, Bonn)

Die Autorin

Doris Zagdanski hat selbst eine Tochter durch Plötzlichen Kindstod verloren und war mehrere Jahre lang in der Begleitung trauernder Eltern tätig. Sie ist Autorin zweier weiterer Bücher zum Thema Tod und Trauer.

Doris Zagdanski

Wenn die Worte fehlen

Auf trauernde Menschen eingehen

Aus dem Englischen von Marielies Urban

Herder
Freiburg · Basel · Wien

Titel der australischen Originalausgabe:
Stuck for Words. What to Say to Someone Who Is Grieving
© 1994 by Doris Zagdanski
Published by Arrangement with Hill of Content Publish. Co Pty Ltd
This book was negotiated through Literary Agency Thomas Schlück
GmbH., 30827 Garbsen

Gedruckt auf umweltfreundlichem,
chlorfrei gebleichtem Papier

Deutsche Erstausgabe

Alle Rechte vorbehalten – Printed in Germany
© Verlag Herder Freiburg im Breisgau 2000
Satz: Rudolf Kempf, Emmendingen
Herstellung: Freiburger Graphische Betriebe 2000
Umschlaggestaltung und Konzeption:
R·M·E München / Roland Eschlbeck, Liana Tuchel
Umschlagmotiv: © Tony Stone Bilderwelten
ISBN 3-451-04834-5

Inhalt

Für Leeanne, Moira und Shirl,
Freundinnen in guten und schlechten Zeiten.

Einleitung

Dreizehn Jahre lang habe ich von Zeit zu Zeit immer wieder über die gleiche Frage nachgedacht. Vor kurzem war ich gezwungen, dieses Rätsel von neuem einer langen und schmerzhaften Betrachtung zu unterziehen: einmal mehr waren in meinem Leben unerwünschte Ereignisse eingetreten, genauso wie beim ersten Mal, als ich mir die Frage zu stellen begann. Und wie schon vor dreizehn Jahren schien jeder einen Ratschlag, eine Lebensweisheit oder eine aufmunternde Geschichte zur Hand zu haben, um mir über meine Schwierigkeiten hinwegzuhelfen.

Doch ich muss der Reihe nach berichten: Es begann 1980. In diesem Jahr wurde das ruhige Leben meiner Familie schlagartig verändert durch den plötzlichen und unerwarteten Tod von Claire, unserer zwei Monate alten Tochter. Die Ursache? „Plötzlicher Kindstod". So stand es im Bericht des amtlichen Leichenbeschauers. Ich erinnere mich an viele Einzelheiten des Albtraums dieser ersten Tage, Wochen und Monate und der vielen Monate, die darauf folgten. Aber ich erinnere mich auch an etwas anderes – an das, was die Menschen sagten.

Die Mutigen unter ihnen sprachen aus, was geschehen war; manche sagten sogar das Wort t-o-t: „Es tut mir Leid, dass dein Baby gestorben ist." Die weniger Mutigen sprachen nicht darüber oder blieben einfach weg. Doch es waren die Möchtegern-Zauberer, an die ich mich am besten erinnere; all jene Menschen, die glaubten, dass unser Kummer sich in Luft auflösen würde, wenn sie nur Zauberworte aussprachen wie:

Weine nicht, du kannst noch mehr Kinder haben.
Es hätte noch schlimmer sein können – sie hat wenigstens
nicht gelitten.
Sie hat es gut. Sie ist jetzt bei Gott.

Seit jener Zeit habe ich durch meine Arbeit hunderte von Menschen getroffen, deren Leben in irgendeiner Weise durch einen Verlust verändert wurde, und immer stellte sich schließlich die gleiche Frage: „Warum glauben die anderen Menschen, sie müssten dich aufmuntern, wenn etwas schief geht in deinem Leben?"

Diese Frage beschäftigte mich von neuem, als unlängst ein weniger verhängnisvolles Ereignis wiederum Schmerz, Unsicherheit und Veränderung in unser Leben brachte. Dieses Mal wurde die Firma meines Mannes in eine 2000 Kilometer entfernte Stadt verlegt, und er hatte nur die Alternative, mitzugehen oder seine Arbeit zu verlieren.

Für mich bedeutete das einen großen Verlust. Ich musste den Ort verlassen, an dem ich geboren und aufgewachsen war und an dem ich ein Zuhause für unsere Familie aufgebaut hatte. Dies war der Ort, an dem ich getraut worden war, an dem meine drei Kinder auf die Welt gekommen waren und an dem eines von ihnen begraben lag. In dieser Stadt hatte ich meine berufliche Laufbahn begonnen und konnte jetzt mit einer wachsenden Zahl von Klienten und zuverlässigen Kollegen rechnen. Ich lebte gern in unserem Viertel, in dem mich die Ladeninhaber mit Namen kannten: Ich konnte drei Kleider zum Anprobieren mit nach Hause nehmen und mich in Ruhe für eines entscheiden. Im Café um die Ecke war der Cappuccino, den ich regelmäßig mit meiner besten Freundin trank, die richtige Stärkung angesichts unserer Alltagssorgen. Diese Stadt war der Ort, den ich achtunddreißig Jahre lang als meine Heimat betrachtet hatte.

Und wissen Sie, was geschah? Als ich schließlich zu weinen aufgehört hatte und den anderen erzählen konnte, dass wir fortziehen würden, was sagten da wohl die meisten?

Mach dir keine Sorgen, du findest neue Freunde.
Es hätte noch schlimmer sein können. Dein Mann hat wenigstens seine Stelle behalten.
Du hast es gut – ich wünschte, ich könnte auch weiter in den Norden ziehen.

Da waren sie wieder, die Menschen, die den Schmerz stillen und die Trauer verjagen wollten. Mit ähnlichen Bemerkungen, wie ich sie schon vor vielen Jahren gehört hatte, versuchten sie mich aufzuheitern und den Schmerz zu lindern, den das Zurücklassen so vieler Freunde und Bekannter und der vertrauten Umgebung für mich bedeutete.

Warum denken andere Menschen nur, sie müssten etwas zu Ihrer Aufmunterung sagen, wenn Sie ihnen von Ihren Problemen erzählen, und akzeptieren nicht einfach, dass Sie eine schwere Zeit durchleben und mit jemandem darüber sprechen müssen? Es gibt dafür verschiedene Gründe, aber der gemeinsame Nenner ist, dass uns grundsätzlich nicht beigebracht wird, wie wir mit anderen über Gefühle sprechen können – weder über ihre noch über unsere eigenen –, und so fehlen uns einfach die Worte. Wenn sie nicht mehr wissen, was sie sagen sollen, greifen manche Menschen oft als erstes zu so abgedroschenen Redensarten wie: *Die Zeit wird es heilen. Es ist Gottes Wille.* Andere versuchen vielleicht das Gesprächsthema zu wechseln oder Sie von Ihren Problemen abzulenken, indem sie Ihnen von den Problemen Dritter erzählen. Und das alles geschieht nur, weil ihnen nichts einfällt, was sie sagen könnten.

Wenn wir unsere Gefühle in einfache Kategorien einteilen müssten, könnten wir sie unter den drei Begriffen *froh*, *ärgerlich* oder *traurig* einordnen. In unserer Gesellschaft scheint es erlaubt zu sein, frei darüber zu sprechen, wenn wir froh sind – glücklich, begeistert, geliebt, vergnügt oder zufrieden. Doch wenn wir ärgerlich oder traurig sind – frustriert, wütend, feindselig, enttäuscht, allein oder den Tränen nahe –, fühlen sich die Menschen um uns herum höchstwahrscheinlich unwohl. Also versuchen sie uns aufzumuntern, weil sie sich so auf die Dauer auch selbst besser fühlen. Sie können dann in der Überzeugung weggehen, sie hätten uns irgendwie geholfen. Doch hier liegt das wirkliche Problem – nämlich in der Annahme, das Helfen bestehe darin, die Gefühle des anderen Menschen zu verändern oder, noch schlimmer, sie vollkommen zu ignorieren.

In diesem Buch sprechen trauernde Menschen offen über das, was sie von Freunden, Verwandten und anderen Menschen erwarteten, die ihnen mit Worten oder Taten zu helfen versuchten. In Verbindung damit werden Vorgehensweisen, Gespräche und Verhaltensweisen vorgestellt, die wirklich hilfreich sind, aber auch solche, die ungeeignet sind. Die Anregungen sind für ganz normale Menschen umsetzbar, gleich ob Männer oder Frauen. Es muss besonders betont werden, dass ein Mensch wie Sie, der Leser, sich tatsächlich auf eine Hilfeleistung einlässt, wenn er versucht, mit einem Trauernden zu sprechen oder ihm beizustehen. Daher werde ich Sie fortan als „Helfer" bezeichnen. Glauben Sie mir, die Hinterbliebenen wissen, dass es nicht einfach ist, an Ihrer Stelle zu sein, aber Ihre Anteilnahme an ihrem Schmerz – was Sie sagen und was Sie tun – beeinflusst in beträchtlichem Maße den Ablauf ihrer Trauer. Und Ihre Bereitschaft, mit ihnen über das Geschehene zu sprechen, ist tatsächlich sehr wichtig für die Art und Weise, in der sie mit einem Todesfall in der Familie oder irgendeinem anderen einschneidenden Ereignis umgehen.

Beim Lesen werden Sie feststellen, dass ich die Trauernden manchmal mit dem Pronomen „er" und manchmal mit „sie" bezeichne. Das macht die Verständigung einfacher. Es soll Sie jedoch auch daran erinnern, dass Trauer von jedem empfunden wird – es besteht kein Unterschied, ob die Gefühle von Männern oder Frauen verletzt werden; die „Ohren steifzuhalten" ist uns nicht von der Natur gegeben, sondern von Menschen erfunden. Doch beachten Sie Folgendes: Im Allgemeinen fällt es Männern schwerer als Frauen, über persönliche Angelegenheiten und Gefühle zu sprechen. Wenn also ein Hilfsangebot, eine Schulter zum Weinen oder ein Gespräch mit einem Freund auch noch so gut gemeint und tatsächlich hilfreich sind, werden Vorschläge dieser Art dennoch häufig abgelehnt. Drängen Sie nicht. Bohren Sie nicht nach, und kritisieren Sie nicht. Das würde dem Trauernden nur bestätigen, dass „niemand ihn versteht". Erhalten Sie Ihr Angebot aufrecht, und denken Sie daran, dass es für den Trauernden ebenso schrecklich ist wie für seine Bekannten und Freunde, über Gefühle zu sprechen oder auch nur einzugestehen, man habe Gefühle. Unser soziales Verhalten wird im Allgemeinen durch Aussprüche wie „Große Jungen weinen nicht", „Trage es wie ein Mann" oder „Steh auf deinen eigenen Füßen" geprägt. Wir sehen also, dass gesellschaftliche Haltungen von entscheidender Bedeutung für die Art und Weise sind, in der wir – Männer und Frauen – trauern.

Nach der Lektüre dieses Buches werden Sie entdecken, warum den Menschen gestattet sein muss zu trauern – mit allen seltsamen oder traurigen Gefühlen, die damit verbunden sind. Es wird Ihre Aufgabe sein herauszufinden, was Sie tun und sagen können, um trauernden Menschen wirklich eine Hilfe zu sein. Und Sie werden wahrscheinlich mit Erleichterung zur Kenntnis nehmen, dass dies nicht bedeutet, dass Sie den Schmerz des anderen zum Verschwinden bringen müssen. Sie werden erfahren, warum die Menschen, die den Schmerz stillen wollen, und alle, die empfehlen, den Schmerz ad acta zu legen oder zu überdecken, oft mehr eine zusätzliche Belastung als ein Trost für die trauernden Menschen sind.

Zum Schluss möchte ich den Trauernden danken, die mir ihre Gedanken und Geschichten mitgeteilt haben. Ihre Beispiele machen deutlich, was ich sagen will und verleihen dem Buch eine Glaubwürdigkeit, die meine Worte allein nicht erreichen könnten.

Die richtige Art, um die Toten zu trauern, besteht darin, für die Lebenden zu sorgen, die zu ihnen gehören.

Edmund Burke

1. Kapitel
Kann ich überhaupt helfen?

„Der Mann meiner besten Freundin ist gerade gestorben, und ich weiß nicht, was ich tun soll."

„Meine Schwägerin ist nicht mehr die Alte, seitdem ihr Baby gestorben ist. Wie kann ich erreichen, dass sie da rauskommt?"

„Papa ist nach Mamas Tod nun schon wochenlang völlig niedergeschlagen. Was können wir tun, um ihn aufzuheitern?"

„Hilfe!" Das sagen diese Sätze wirklich. Helft mir, damit ich einem anderen Menschen helfen kann. Sollten Sie einmal in die Lage kommen, dass Sie einen Menschen, der trauert, besuchen oder trösten müssen, mit ihm arbeiten oder auch nur sprechen müssen, dann übernehmen Sie die Rolle eines *Helfers* – ob Sie nun darin ausgebildet sind oder nicht, ob Sie wissen, was Sie sagen sollen oder nicht, ob Sie sich dabei wohl fühlen oder nicht. Da es für viele Menschen noch immer tabu ist, über den Tod zu sprechen, erwächst daraus als weiteres Problem, dass es auch schwierig ist, über Gefühle zu sprechen. Viele Menschen stürzen sich daher in einer Krise, etwa bei einem Todesfall in der Familie, in vielfältige Aktivitäten und sorgen für Hilfe, die vor allem praktischer und organisatorischer Art ist. Die Hilfe wird in Form einer *Tätigkeit* geleistet, zum Beispiel im Organisieren der Beisetzung, im Anrufen von Verwandten, im

Zubereiten von Mahlzeiten und vielleicht im Versorgen von kleinen Kindern. Doch nach und nach erhalten die Gefühle den Vorrang und müssen beachtet werden. Hier nimmt dann die Hilfe die Form von *Da-Sein* an, also zusammen sein mit einem Menschen, dessen Gefühle aufgewühlt sind, der traurig, wütend, schuldig, verbittert, feindselig, frustriert oder hilflos ist. Auch wenn das Thema „Gefühle" vielleicht für viele neu und erschreckend ist, wird es nicht verschwinden, nur weil Sie sich dabei unwohl fühlen.

Vielleicht glauben Sie, dass Sie für diese Situation nicht qualifiziert sind. Außerdem, so könnten Sie sagen, haben wir für diese Aufgabe Spezialisten. Doch auch in den „helfenden Berufen" – Psychologen, Psychiatern, Ärzten, Schwestern, Sozialarbeitern, Bestattungsunternehmern und Ähnlichen – bestimmen die persönlichen Eigenschaften des Einzelnen, nicht seine oder ihre berufliche Qualifikation, ob ein Mensch Erfolg hat. In vielen Fällen ist es nicht der Spezialist, sondern der Mann auf der Straße, dem sich der oder die Trauernde zuwendet. Und das ist auch verständlich. Freunde, Nachbarn, Arbeitskollegen und Menschen, die er oder sie jeden Tag sieht, sind doch offensichtlich am ehesten in der Lage, über das Geschehene zu sprechen. Diese Menschen gehören zu den *nicht ausgebildeten* Helfern, die alle zusammen eine Art Auffangnetz für einen in Not geratenen Freund sein können, der vorübergehend von der Welle der Reaktionen und Gefühle überspült wird, die man „Trauer" nennt.

Es wird oft angenommen, es sei besser, sich nicht in etwas so Privates oder Persönliches wie die Trauer einzumischen. Oder vielleicht vermuten Sie, es gäbe genug Verwandte, die helfen könnten. *Das ist Aufgabe der Familie . . . Ihre Kinder sind ganz in der Nähe . . . Ich würde nur stören . . .* Dazu muss jedoch gesagt werden, dass manchmal die Mitglieder einer Familie über ihre Gefühle oder Bedenken lieber nur wenig oder gar nicht miteinander sprechen. Sie reagieren möglicherweise nicht nur unterschiedlich auf denselben Verlust, sondern scheinen sich gegenseitig vor zusätzlichen Verletzungen schützen zu wollen, indem sie ihre Gefühle für sich behalten. Hier haben nun Sie die Möglichkeit, für Ihren Freund da zu sein, wenn er mit einem Menschen sprechen möchte, der ihm zwar nahe steht, aber von dem Problem nicht selbst unmittelbar betroffen ist.

Weit verbreitet ist auch die Meinung, dass man nicht richtig verstehen könne, wie sich ein Mensch in einer bestimmten Situation fühlt, wenn man die betreffende Situation nicht selbst durchgemacht habe. Wenn dies wirklich zuträfe, dann müssten alle professionellen Berater verwitwet, geschieden oder körperlich bedroht worden sein und all die anderen Leiden ihrer Klienten selbst erlebt haben, denn sonst könnten sie ihnen gar keine Hilfe sein. Das ist aber, wie wir wissen, nicht der Fall.

Es ist nicht so wichtig, *wer* Sie sind, sondern *wie* Sie sich im Beisein Ihres Freundes verhalten. Das beste Zeichen für Ihre Hilfsbereitschaft ist, ob Sie Ihrem Freund zeigen können, dass Sie verstanden haben, wie er sich fühlt. Wenn Menschen trauern, brauchen sie die Gewissheit, dass die anderen Menschen in ihrer Nähe Verständnis für sie haben – auch wenn sie sich verändert haben, auch wenn sie nicht mehr so viel lachen, auch wenn sie mitten beim Einkaufen anfangen zu weinen und nicht erklären können warum. Wenn Sie einfach akzeptieren, dass sie sich so fühlen, dann sind sie in ihrem Kummer nicht so allein. Und dann können sie ein wenig leichter damit fertig werden.

Wenn ich richtig fix und fertig bin, dann weine ich meistens heimlich. Auf der Arbeit glauben sie, es ginge mir „viel besser", aber ich verstelle mich nur, weil ich gemerkt habe, dass nur wenige Menschen jemanden um sich haben wollen, der immer traurig ist.

In unserer Gesellschaft ist es nicht leicht zu trauern – jedenfalls nicht öffentlich, vor anderen Menschen. Wir haben von unseren Eltern und Großeltern die Vorstellung übernommen, dass ein Mensch nicht weinen oder über seine Gefühle sprechen sollte, und daher bewundern wir die Menschen, die in einer Krise ihren Kummer äußerlich nicht zeigen und Haltung bewahren. Bezeichnungen wie „nicht damit fertig werden", „in ein Loch fallen" oder „durcheinander sein" beschreiben den Rest! In meiner Arbeit als Angestellte eines Bestattungsunternehmens habe ich selten Worte gehört wie: „Wissen Sie, Mama weinte sehr, als der Arzt ihr sagte, dass Papa es nicht überlebt hat. Ich bin froh, dass sie alles so rausgelassen hat." Hier liegt die Herausforderung für die Helfer und die ganze Gemeinschaft: Sie sollten ihre überkommene Auffassung ändern. Sie sollten die Ansicht aufgeben, dass das Trauern ein Zeichen der Schwäche und der Verweichlichung sei, und verstehen lernen, dass das Trauern einen Sinn hat und notwendig ist für den Körper, die Seele und den Geist.

In seinem Buch *Talking About Death*[1] (Über den Tod sprechen) beschreibt Graeme Griffin eine Untersuchung über die Auswirkungen der Trauer, die schon vor einigen Jahren an mehreren hundert Witwen durchgeführt wurde. Unter der Leitung von Professor David Maddison von der Universität Sydney wurde der Einfluss der Trauer auf die physische Gesundheit dieser Witwen in den ersten zwölf Monaten nach ihrem schmerzlichen Verlust erforscht. Kurz zusammengefasst fand er heraus, dass etwas mehr als ein Drittel der Witwen leicht erkrankte, fast ein Drittel schwer und ein Drittel nicht krank wurde. Sie können nun, wie auch Professor Maddison, fragen: Was beschützte das eine Drittel, das nicht erkrankte? Hatten diese Frauen Kinder, für die sie sorgen, oder eine Arbeit, der sie nachgehen mussten? Waren sie frei von finanziellen Schwierigkeiten? Lag es am Alter? Oder hielten religiöse Überzeugungen sie aufrecht? Griffin sagt dazu:

Der einzige Unterschied, der zwischen den Witwen, die gesund blieben, und denen, die krank wurden, festgestellt werden konnte, bestand darin, dass die gesund gebliebenen Frauen jemanden fanden, der zuließ, dass sie trauern konnten; jemanden, der nicht sagte „weine nicht“; jemanden, der zuließ, dass sie ihre innersten Gefühle aussprechen konnten. Es lag also nicht daran, dass jemand etwas für sie tat, sondern daran, dass etwas aus ihrem Inneren herauskommen konnte.

Es ist klar, dass Freunde, die Ratschläge anbieten, die mit *sollte* und *müsste* beginnen oder Bemerkungen machen, die den Trauernden andeuten, sie empfänden nicht in der richtigen Art, selbst auf dem falschen Weg sind. Die Helfer sind nicht für das Heilen der Trauer verantwortlich, doch sind sie imstande, das ganze Erleben für den Betroffenen ein wenig, manchmal sogar sehr viel erträglicher zu machen. Es ist eine große Erleichterung für die trauernden Menschen, wenn sie andere Menschen finden, die sich gern ihre Geschichte anhören, auch wenn sie nie selbst eine solche Erfahrung gemacht haben. Das geschieht jedoch nur, wenn Sie, der Helfer, dem Menschen, der mitten in einer persönlichen Krise steckt, klarmachen können, dass Sie alles „so wie es ist“ billigen. Hierin besteht die Hauptaufgabe eines Helfers.

Erforderlich ist daneben auch eine angemessene Haltung, die mit den Begriffen *Aufrichtigkeit* und *Respekt* beschrieben werden kann. Ein echter Helfer ist nicht neugierig, aufdringlich oder gar ein Wichtigtuer und ist weit über ein Angebot der Art „Wenn ich irgendetwas tun kann, ruf mich einfach an“ hinaus zur Hilfe bereit. Respekt für die Trauernden wird vermittelt, wenn diese ihre Gefühle zeigen können, ohne dass sie bewertet oder verspottet werden, und wenn Unterschiede in ihrer Konfession, Kultur und Ausdrucksweise anerkannt werden.

Wollen wir als Helfer erfolgreich sein, bedeutet das auch, dass wir uns die allgemeine Wahrnehmung unserer Gesellschaft in Bezug auf Tod, Sterben und Gefühle ansehen müssen. Für viele Menschen sind dies noch immer verbotene Gesprächsthemen. Wenn Worte wie „Krebs" oder „Selbstmord" nur geflüstert werden dürfen, machen wir es all denen, die davon betroffen sind, sehr viel schwerer, über das Geschehene zu sprechen. Eine Möglichkeit, uns mit der Vorstellung, über Gefühle zu sprechen, vertraut zu machen, besteht darin, dass wir uns von der Annahme verabschieden, dass Gefühle ein heikles Thema seien. Viele Menschen haben eine vorprogrammierte Botschaft in sich, die besagt *Sprich nicht darüber. Es ist zu aufregend.* Um dieses Programm zu ändern, können wir die Technik der Affirmationen benutzen. Das sind einfache Feststellungen, die unsere negativen Gedanken in Frage stellen und verändern. Eine nützliche Affirmation könnte in diesem Fall lauten: *Ich bin entspannt, wenn ich über Trauer und wirkliche Gefühle spreche. Ich weiß, dass ich meinen Freunden eine Hilfe sein kann, wenn sie mich brauchen.*

Affirmationen wirken am besten, wenn Sie:

- Ihre Feststellung in der ersten Person schreiben. Gewöhnen Sie sich daran, zu sagen „Ich bin", „Ich kann", „Ich fühle";
- die Gegenwartsform benutzen. Eine Aussage der Form „Ich werde . . ." deutet an, dass Sie sich der Sache in diesem Augenblick noch nicht sicher sind;
- negative Wörter vermeiden – ersetzen Sie „nicht erschrocken" durch „zuversichtlich" oder sagen Sie „Ich habe die Möglichkeit zu . . ." statt „Ich werde nicht . . .";
- sich vorstellen, gerade jetzt das zu tun, was Ihre Affirmation sagt und sich im Geiste ein Bild von ihrem neuen Ich machen. Denken Sie an dieses Bild, wenn Zweifel Sie

zu Ihren alten Gewohnheiten und Überzeugungen zu-
rückzuführen drohen;
- eine Pause machen, um zu empfinden, wie gut Sie sich
fühlen – stark, zuversichtlich. Sie sind sich Ihrer Fähigkeit sicher, dass Sie Ihren Freund unterstützen und um
ihn sein können, auch wenn dies anderen Menschen zu
schwer fällt.

Nun versuchen Sie es selbst. Schreiben Sie Ihre Affirmation nieder, mit der Sie alle unangenehmen Gefühle ver-
treiben, die Sie im Gespräch mit einem trauernden Menschen haben.

_____

_____

_____

_____

_____

Sprechen Sie Ihre Affirmation aus.
Sehen Sie Ihr neues Ich vor sich.
Und f-ü-h-l-e-n Sie, wie gut es ist, die negativen Überzeu-
gungen loszuwerden.

Kapitel 1: Das Wichtigste auf einen Blick

- Hilfe zu leisten ist nicht nur auf die professionellen
Berater beschränkt. Ein Freund, der helfen möchte, ist
wie ein Rettungsring, ein Mensch, an den man sich
klammern kann, bis man sich stark genug fühlt, wieder allein zu schwimmen.

- Als potenzielle Helfer sind wir vielleicht durch unsere eigenen Ängste eingeschränkt:
  - Angst vor dem Tod
  - Angst, über ein heikles Thema zu sprechen
  - Angst, jemanden zu verletzen
  - Angst vor den eigenen Gefühlen.
- Sie brauchen nicht selbst verwitwet zu sein oder ein Kind oder Geschwister verloren zu haben, um ein nützlicher Helfer zu sein. Es mag zwar einen Unterschied für Ihre Bewusstheit bedeuten, aber es ist keine Vorbedingung.
- Die Hilfe besteht nicht im Ignorieren, Verändern, Einordnen oder Heilen von Gefühlen; sie besteht im Verstehen und Anerkennen einer Reihe möglicher Trauerreaktionen.
- Das Helfen beginnt nicht mit einer Qualifikation, sondern der wirkliche Ausgangspunkt ist das richtige Verhalten, aufrichtig und respektvoll.

2. Kapitel
Was ist Trauer?

Ich hatte einen Schock, war am Boden zerstört, konnte nicht fassen, dass sie gestorben war, war durcheinander, erstarrt und wütend.

Es ist eine Mischung aus Alleinsein, Kälte und Verlorensein.

Es ist ein Gefühl der Schwere – man schleppt sich nur mühsam voran.

Wenn Sie einem trauernden Freund eine Hilfe sein wollen, sollten Sie sich einige grundlegende Kenntnisse über die Trauer aneignen. Hier liegt ein erstes Problem vieler potenzieller Helfer – sie wissen nicht, was Trauer wirklich ist.

Trauernde Menschen beklagen sich mir gegenüber am häufigsten darüber, dass niemand versteht, was sie *wirklich* durchmachen. Das Schlüsselwort ist hier „wirklich" – es sind so viele Märchen im Umlauf, dass die wirkliche Trauer manchmal missverstanden wird. Viele Menschen scheinen sich vorzustellen, dass Trauer mit Weinen, Niedergeschlagenheit und Fassungslosigkeit verbunden ist. Sie nehmen weiterhin an, dass diese Zustände eine Weile andauern, wahrscheinlich einige Monate, und dann wird man wieder derselbe Mensch wie früher sein. Doch mit der wirklichen Trauer ist es nicht so. Ich glaube, dass wir nach dem Tod eines nahen Menschen nie wieder dieselben Menschen sind. Wenigstens eine Facette unseres Lebens – doch meistens sind es viele – wird für immer verändert sein. Ein verstorbener Mensch kann nicht einfach durch einen anderen ersetzt werden. Dennoch wird trauernden Eltern empfohlen, sie sollten „noch ein Baby" haben, einer Witwe wird gesagt, sie sei „jung genug, um noch einmal zu heiraten", und von einem Jugendlichen wird erwartet, dass er einen guten Freund schnell vergessen könne, „denn du wirst leicht neue Freunde finden".

Stellen Sie sich ein Puzzle vor. Wenn Sie auch nur ein einziges Teil verlieren, sieht das ganze Bild anders aus, und auch wenn Sie ein ähnliches Stück von einem anderen Puzzle nehmen, wird es nicht genau hineinpassen. Selbst wenn Sie ein Teil mit denselben Maßen fänden, wäre es nicht genau das, was verloren ging. Sigmund Freud drückte es so aus:

Wir finden einen Platz für das, was wir verlieren. Obgleich wir wissen, dass nach solch einem Verlust die Phase der stechenden Trauer abklingt, wissen wir auch, dass wir ungetröstet bleiben und niemals einen Ersatz finden werden. Ganz gleich, was auch die Lücke füllt, selbst wenn sie vollständig gefüllt würde, es bleibt trotzdem etwas anderes.[2]

Wenn Menschen trauern, protestieren sie wegen des fehlenden Teilchens, der Lücke in ihrem Leben. Der Protest richtet sich gegen die Störung und die Veränderungen in ihrem Leben, die von dem Verlust verursacht sind – und dabei meine ich nicht nur den Tod. Denken Sie an das Scheitern einer Ehe, Heimatlosigkeit, Arbeitslosigkeit, Unfruchtbarkeit, Naturkatastrophen, Behinderung oder jedes andere Ereignis, das unser Leben verändert. Manche Menschen werden laut in ihrem Protest; sie sprechen ihre Wut aus, weinen vor anderen und fordern Antworten von Gott oder von den Menschen in ihrer Nähe. Andere ziehen sich vielleicht zurück und versuchen, ihre Gefühle für sich zu behalten, während wieder für andere die Versuchung, geschäftig zu bleiben und über all dies nicht nachzudenken, eine Alternative zu sein scheint. Die Reaktionen können in allen nur denkbaren Kombinationen auftreten, obwohl einige Wissenschaftler die Trauer in „zehn Stufen" oder „fünf Phasen" einzuteilen versuchen. Ich möchte lieber nicht eine so feste Einteilung machen. Ich glaube, es schränkt zu sehr ein, wenn man davon ausgeht, dass zuerst der Schock kommt, dann die Traurigkeit, gefolgt von Wut oder Depression oder etwas anderem, bis man schließlich aus allem herauskommt und hoffentlich geheilt ist. Die Trauer ist viel zu kompliziert, als dass man sie strikt einteilen könnte.

Wie nun jeder Einzelne einen schmerzlichen Verlust verarbeitet und „überlebt", ist von Mensch zu Mensch verschieden. Wichtig sind dabei einige Aspekte, die Ihnen als Anhaltspunkte dienen und Ihre Hilfe noch wirksamer machen können. Wenn Sie mit jemandem sprechen, der trauert, so beachten Sie folgende Einzelheiten:

- Was war besonders an der Beziehung zwischen dem Trauernden und dem Verstorbenen? Was war positiv und was war negativ an dieser Beziehung? Wie eng war die Verbindung?
- Wie waren die Todesumstände? War es ein plötzlicher, ein frühzeitiger oder ein erwarteter Tod? Wie erfuhr der Trauernde davon? War noch Zeit zum Abschiednehmen?
- Hat der Trauernde mitfühlende Menschen, auf deren Hilfe er sich verlassen kann, sei es durch die Familie, die Kirche, die Kollegen, den Arzt, den Arbeitgeber . . .?
- Wie geht der Trauernde üblicherweise mit belastenden Situationen um – verschließt er sich oder hat er leicht Kontakt zu anderen; ist er bereit, Hilfe von anderen anzunehmen; kann er das Problem auf positive Weise bewältigen oder versucht er mit Hilfe von Alkohol, Drogen

oder durch erhöhte Aktivität vor der Wirklichkeit zu flüchten?

- Trat der Todesfall ein, als der Trauernde gleichzeitig auch noch andere persönliche Probleme meistern musste? Gab es in der Vergangenheit andere Verluste, die unter den Teppich gekehrt wurden und vielleicht deshalb die gegenwärtige Trauer beeinflussen?

Aus dieser Aufzählung können Sie ersehen, dass die Bedeutung des gegenwärtigen Verlustes am besten von einem Menschen verstanden wird, der das „große Bild" sehen und die Trauer aus möglichst vielen verschiedenen Blickwinkeln betrachten kann. Es kann sein, dass die Trauer sich auf ganz unterschiedliche Weisen äußert. Manche dieser Verhaltensweisen kommen erwartet, manche sind intensiv, manche halten nur kurz an und manche sind für Außenstehende befremdlich.

Im Folgenden werden einige Verhaltensweisen, Gefühle und Reaktionen aufgeführt, die gemeinhin als Ausdruck „normaler Trauer" angesehen werden. Denken Sie daran, dass sie nicht unbedingt in einer festen Reihenfolge auftreten müssen; die Aufzählung dient nur dazu, Ihnen klar zu machen, dass Trauer dieser Art nichts Ungewöhnliches ist.

Schock, Zweifel, Erstarrung
Mein Geist kann gar nicht alles aufnehmen. Mein Körper funktioniert ganz automatisch.

Wut
Das ist nicht gerecht. Ich hasse Gott. Warum musste das unserer Familie passieren?
Wie konntest du mich und die Kinder verlassen?

Depression
Mir ist alles egal. Warum soll ich denn morgens aufstehen?

Ich werde nie darüber hinwegkommen. Ich wünschte, ich wäre auch tot.

Panik
Wie werde ich nur allein mit allem fertig? Wer bezahlt die Rechnungen?
Ich habe zu viel Angst, allein auszugehen.

Ablehnung
Wie konnte er mir das nur antun, mich ganz allein zurückzulassen? Wo ist Gott jetzt?
Wo sind jetzt all die Freunde, die sagten, sie würden alles für mich tun?

In Gedanken um den Todesfall kreisen
Ich kann mich gar nicht davon lösen. Immer wieder stelle ich mir im Geist vor, was geschehen ist.
Ich kann einfach an nichts anderes mehr denken ... nichts anderes ist wichtig.

Aggression
Ich möchte am liebsten alles zerschlagen, schimpfen, schreien und mit den Fäusten schlagen.

Schuld und Bedauern
Ich wünschte, wir hätten diesen Streit nicht gehabt.
Wäre ich nur früher in sein Zimmer gegangen.
Könnte ich doch einfach die Uhr zurückstellen. Ich hätte eine bessere Mutter sein müssen.

Traurigkeit
Sie fehlt mir so. Ich fühle mich innerlich so leer. Werde ich jemals wieder lächeln?
Ich kann einfach nicht aufhören zu weinen.

Gleichgültigkeit

Mir ist alles vollkommen gleichgültig.
Ich kann mich nicht mit den Problemen der anderen ab-geben – ich habe genug eigene Sorgen.

Angst

Ich habe Angst, allein zu sein. Ich fürchte mich davor, den Sarg zu sehen und all das.
Die Nächte machen mir jetzt wirklich Angst. Was ist, wenn ich die Bestattung nicht durchstehe?

Sich krank fühlen

Mein Magen ist wie zugeschnürt.
Es pocht in meinem Kopf. Ich habe überall Schmerzen. Meine Muskeln sind verspannt.
Ich kann nichts essen – ich fühle mich, als ob ich krank würde.

Verwirrung und Orientierungslosigkeit

Ich kann nicht klar denken. Ich vergesse ständig irgend-etwas. Ich kann keine Entscheidungen treffen.
Ich fühle mich ganz verwirrt. In einem Augenblick geht es mir gut, und dann bin ich plötzlich wieder durcheinander.

Einsamkeit

Das Haus ist so leer. Ich vermisse all die kleinen Dinge, die wir gemeinsam machten.
Ich passe nicht mehr zu meinen Freunden. Es gibt nie-manden, mit dem ich sprechen könnte.

Weinen

Sollen die Kinder mich weinen sehen? Ich kann einfach nicht weinen. Ich kann nicht am Krankenhaus vorbei ge-hen, ohne zu weinen. Wenn ich andere Babys sehe, fange ich an zu weinen. Die anderen Menschen schauen weg, wenn ich zu weinen beginne. Werde ich jemals aufhören zu weinen?

Bitterkeit, Empörung und Eifersucht
Warum mein Mann – er hat sein Leben lang niemandem etwas zuleide getan.
Es ist nicht gerecht – Gott hat mir mein einziges Kind genommen.
Jemand muss dafür bezahlen – ich möchte damit ins Reine kommen.
Ich bin so neidisch auf andere Familien, bei denen nie etwas schief geht.

Schlaflosigkeit oder Träume, in denen der Verstorbene auftaucht
Ich liege die ganze Nacht wach – und denke nach. Ich habe solche Angst, dass ich nicht ins Bett gehen kann.
Ich träume fast jede Nacht von dem, was geschehen ist. Im Traum spricht sie mit mir.

Antriebslosigkeit
Mir ist nicht danach, auszugehen oder Sport zu treiben – ich bin zu müde.
Ich kann mich nicht um die Kinder kümmern, sie gehen mir einfach auf die Nerven. Das Leben ist eine Last.

Leugnung
Ich möchte nichts davon hören. Es ist nicht wahr, es ist nicht wahr.
Ich hasse Beerdigungen, und ich werde nicht hingehen. Ich sage mir, dass er nur in Urlaub gefahren ist.

Den Verstorbenen zu sehen und zu hören glauben
Ich kann hören, wie er nach mir ruft. Ich bin mir sicher, dass ich ihn in einer Menschenmenge gesehen habe.

Sich zurückziehen
Ich möchte mit niemandem etwas zu tun haben. Warum lasst ihr mich nicht einfach allein?
Ich möchte wegrennen und erst wiederkommen, wenn dies alles vorbei ist.

Frustration
Es ist mir alles zu viel. Wann werde ich mich wieder besser fühlen?
Warum verstehen die Menschen mich nicht?

Erleichterung
Ich bin froh, dass endlich das Leiden zu Ende ist. Ich weiß nicht, ob ich noch mehr ertragen hätte.

Sich beschäftigt halten
Ich muss mich davon ablenken. Ich kann nicht eine Minute still sitzen.

Das Gefühl haben, verrückt zu werden
Ich habe mich noch nie so gefühlt. Ich bin so durcheinander – ich glaube, ich werde noch verrückt.
Früher war ich bei allem immer so ruhig, und jetzt weiß ich einfach nicht, was auf mich zukommt.

Sich Fragen stellen
Warum ich? Warum er? Warum sie? Warum nicht jemand anders? Warum hat Gott dies zugelassen?
Warum gibt es dafür kein Heilmittel? Warum wurden unsere Gebete nicht erhört? Warum musste sie so jung sterben? Warum? Warum? Warum?

Gefühle der Leere
Dauernd habe ich das Gefühl, dass mir irgendetwas fehlt. Ein Teil von mir ist gestorben.

*Ich möchte mein Kind wieder in den Armen halten. Ich le-
be nur noch ganz mechanisch vor mich hin.*

Idealisierung des Verstorbenen
*Er war der beste Ehemann, den ich mir wünschen konnte. Wir
hatten niemals Streit. Sie war der vollkommenste Mensch
auf Erden. Er war ein wahrer Heiliger.*

Anpassung an die veränderte Situation
Ich freue mich auf . . .
Ich habe jetzt mehr gute als schlechte Tage.
Das Engegefühl in meinem Bauch ist verschwunden.
*Ich kann auf das Geschehene zurückblicken, ohne dass es
mich so umwirft wie früher.*
*Warum ich? Ich denke, ich habe verstanden, dass diese
Dinge nicht nur anderen Menschen passieren – sie stoßen
auch ganz normalen Menschen wie mir zu.*
Ich weiß, dass ich dies überstehen kann.

Können Sie sich an Ihren ersten großen Verlust erinnern?
Oder denken Sie an Ihre eigenen Erfahrungen mit dem Tod
oder mit seelischen Verletzungen. Vielleicht war es ein
Haustier, das starb, als Sie noch ein Kind waren. Vielleicht
war es die Zeit, als Sie von einem Freund oder einer Freundin „fallen gelassen" wurden. Oder vielleicht zog jemand
um, der Ihnen viel bedeutete oder verließ Sie?

Was taten Sie damals? Wie fühlten Sie sich? Würden Sie
der obigen Liste noch etwas hinzufügen?

_____

_____

_____

_____

Ein anderes Märchen über die Trauer betrifft die Zeit, die man braucht, um „darüber hinwegzukommen". Die Trauer mag zwar mit Gedanken beginnen wie: *Sag mir, dass es nicht wahr ist . . . Das ist alles nur ein böser Traum.* Und tatsächlich kann es viele Tage oder sogar Wochen dauern, bis der betroffene Mensch wirklich begreift, was geschehen ist. Wenn aber dieses Gefühl der Erstarrung und Betäubung durch den Schock und das Nichtbegreifen nachlassen, dann müssen die schmerzliche Wahrheit durchlebt und die Einsamkeit ertragen werden, und der schmerzhafte Teil der Trauer beginnt.

Dies fällt häufig mit dem Zeitpunkt zusammen, in dem die Menschen, die am Anfang so hilfreich waren, nicht mehr länger in der Nähe sind. Diese Menschen sind ebenfalls traurig über den Verlust, aber ihr Leben ist nicht verändert, beschädigt, auf den Kopf gestellt, zerrissen, aller Träume beraubt und leer. Während Freunde, Nachbarn, Arbeitskollegen und der Rest der Welt wieder ein normales Leben führen, erscheinen dem Trauernden die vor ihm liegenden Monate und auch die ersten Jahre wie Schlachtfelder – wohin er blickt, kommt ein Problem auf ihn zu.

Erinnerungen sind ein Problem – die Betroffenen sind froh, sie zu haben, aber manchmal stören sie auch. Gespräche sind ein Problem – welcher trauernde Mensch ist schon daran interessiert, über das Wetter oder Fußballergebnisse zu sprechen? Das Schlafen ist ein Problem, und die Nacht kann zum Feind werden mit all den stillen Stunden, die die Einsamkeit noch verstärken. Kochen, Arbeiten, Entscheidungen treffen, gemütlich mit anderen Menschen zusammen sein – fast jede alltägliche Lebensaufgabe wird plötzlich zum Problem. All dies wird noch dadurch verschlimmert, dass unsere Gesellschaft dafür anscheinend kein Verständnis hat.

Und hier liegt das Dilemma für den Trauernden und die Menschen in seiner Nähe. Wenn sie trauern, schwindet unter dem Gewicht ihrer Trauer die Fähigkeit, klar zu denken und ihre Probleme zu lösen. Selbst wenn sie wüssten, was sie tun müssen, so fehlt die Energie dazu und wahrscheinlich auch die Lust – „Was nützt das jetzt? Ich habe keinen Grund weiterzuleben."

Während der Trauernde all dies durchlebt, besteht das Dilemma für die Freunde darin, dass sie nur hilflos daneben stehen, wenn sie den Schmerz und die Verwirrung *sehen* und die Klagen „Wenn doch nur . . ." *hören*. Im Versuch, dem Trauernden zu helfen, versuchen manche Menschen ihn zur Eile zu treiben, indem sie ihn drängen, nicht zurück oder in sich hinein oder in irgendeine andere Richtung zu blicken, sondern ausschließlich vorwärts, in die Zukunft. Selbst wenn dieser Rat mit wirklicher Anteilnahme gegeben wird, so kann die Trauer weder vermieden noch beschleunigt werden, nur weil sich die anderen Menschen unbehaglich fühlen. Außerdem geht es in der Trauer vor allem darum, dass der Trauernde die Vergangenheit und die Gegenwart in den Blick nimmt und sich auf die Zukunft einstellt.

Denken Sie an das Puzzle – Ihr trauernder Freund oder Ihre trauernde Freundin untersucht jedes einzelne Stück seines oder ihres Puzzles und grübelt darüber, wie all dies wieder zusammenpassen wird. Es dauert eine lange Zeit, bis sie dies herausgefunden haben, und so lange wird auch die Trauer dauern. Sie sehen, dass ich kein Datum und keine Zeitspanne festgelegt habe, weil jeder Mensch den Wiederaufbau seines Lebens anders anpackt. Was ich sagen kann, ist, dass ich nicht überrascht bin, dass sich manche Menschen auch nach einem Jahr noch immer mühen, ihr neues Leben zu gestalten, und ich kenne sogar Menschen, bei denen es zwei, drei, vier oder mehr Jahre gedauert hat.

Wenn Sie wirklich helfen möchten, müssen Ihre Worte und Handlungen darauf ausgerichtet sein, dass diese Art der Trauer an die Oberfläche kommen darf. Alles und jeder,

der dies abzublocken versucht, behindert diesen Prozess eher als dass er ihn fördert. Sie sollten sich darüber klar sein, dass Zeit, Geduld, Ausdauer, Entschlossenheit, Anpassungsfähigkeit und Hoffnung notwendig sind, damit Sie von dem Tag, an dem Sie von dem tragischen Ereignis erfuhren, schließlich zu dem Punkt gelangen, an dem Sie sich auf die neue Situation eingestellt haben. Das gilt sowohl für den Trauernden als auch für den Helfer. Aber es ist nicht unmöglich, dorthin zu gelangen.

Kapitel 2: Das Wichtigste auf einen Blick

- Das Trauern ist die natürliche Antwort des Menschen auf alle möglichen Lebenskrisen – Tod, Scheidung, Arbeitslosigkeit oder Kurzarbeit, Verlust der Gesundheit oder von Gliedmaßen, Verlust der gewohnten äußeren Erscheinung, Verlust des Lebenssinns und der Selbstachtung, Verlust von irgendjemandem oder irgendetwas, den oder das wir schätzen.

- Versuchen Sie, die Trauer nicht in eine zeitliche Abfolge von Reaktionen einzuteilen, denn das würde Ihnen nicht helfen, das Individuelle, Besondere an der Trauer Ihres Freundes zu verstehen.

- Wenn ein Mensch stirbt, wird die Trauer des Überlebenden von vielen Aspekten beeinflusst. Zu ihnen gehören:
  - die Art und Bedeutung der Beziehung, die zu Ende gegangen ist,
  - die Todesumstände,
  - die hilfreiche Unterstützung durch Bekannte,
  - die Art, in der der Überlebende die Lage meistert,
  - der Einfluss früherer Verluste,
  - alle gleichzeitig bestehenden persönlichen Probleme.

- Manche Trauerreaktionen kommen nicht unerwartet – Traurigkeit, Einsamkeit, Wut, Verwirrung und Ähnliches. Doch rechnen Sie auch mit Bitterkeit, Eifersucht, Enttäuschung über Gott, Zorn auf die Welt, Angst, den Verstand zu verlieren, daneben auch mit dem Gefühl, der geliebte verstorbene Mensch sei im Haus anwesend, und mit vielem mehr. Die meisten dieser Reaktionen gehen vorüber und gehören zu dem Versuch des Trauernden, sich neu zu orientieren.

3. Kapitel
Soll ich ansprechen, was geschehen ist?

Sie machen sich Sorgen, ob Sie „sich einmischen" sollten –
sollten Sie darüber sprechen, was geschehen ist, oder wäre
es besser, wenn Sie das Thema ganz vermeiden? Sollten Sie
darauf warten, dass der Trauernde es zuerst erwähnt? Ich
bat einmal eine junge Witwe, die ich kenne, mir zu beschreiben, was sie von ihren Freunden brauchte, die sie nach
dem Tod ihres Mannes besuchten. „Dass sie dem Thema
nicht ausweichen", war ihre Antwort. Das gefiel mir. Ich
wusste sofort, was sie meinte – nämlich alle Wörter und
Verhaltensstrategien, die dazu dienen, das Geschehene nicht
direkt anzusprechen. Das fängt schon damit an, dass man
das Wort *tot* vermeidet. Es gibt eine fast endlose Liste von
beschönigenden Ausdrücken, die wir wählen können, wenn
wir dieses Wort ersetzen möchten:

gegangen
verloren
verschieden
in Frieden hingegangen
entschlafen
zur Ruhe gekommen
im Himmel
ein Stern am Himmel
in das ewige Leben eingegangen
hinweggegangen
beim Herrn
nicht mehr unter uns

Und wie ist es mit Tieren? Sie werden „eingeschläfert", wenn sie in Wirklichkeit S-T-E-R-B-E-N. Wenn in Amerika eine Familie zu einem Bestattungsinstitut geht, um einen Angehörigen zu sehen, der gestorben ist, werden sie zum Abschiednehmen in ein „Schlummerzimmer" geführt. Es besteht gar kein Zweifel, dass viele dieser Ausdrücke weicher klingen und uns nicht wie das einfache Wort T-O-T zusammenfahren lassen. Manche Redensarten, die wir benutzen, sprechen das Thema auf scherzhafte Weise an, vielleicht um wiederum die Düsterkeit der Wirklichkeit zu kaschieren:

in die Grube fahren
abkratzen
ins Gras beißen
den Löffel abgeben
sich die Radieschen von unten besehen

Aber es besteht wirklich keine Notwendigkeit, das Wort *tot* absichtlich zu vermeiden, um andere oder auch uns selbst zu schonen. Letzten Endes muss doch irgendwann der Wahrheit ins Gesicht geschaut werden, dass tatsächlich jemand G-E-S-T-O-R-B-E-N ist. Bei Bestattungen und Abschiedsbesuchen von dem Toten zeigt sich oft ganz klar, dass die Hinterbliebenen sich ausweichend verhalten, besonders dann, wenn sie andere Menschen vor noch größerem Schmerz beschützen möchten. Wenn wir als Helfer mit den Vorbereitungen der Beerdigung beschäftigt sind, sollten wir alles tun, damit die Trauernden später nicht etwas bedauern, das sie unterlassen oder falsch entschieden haben, nur weil sie es nicht besser wussten. Da wir die Bestattung nicht zu einem späteren Zeitpunkt wiederholen können, wenn jeder klarer denkt, gilt die Regel, „es beim ersten Mal richtig machen". Gedanken, die sich nachher einstellen können, sind zum Beispiel:

Im Grunde habe ich immer bedauert, dass die Mädchen sich nicht von ihrem Bruder verabschiedet haben. Jetzt wünschen sie sich auch, sie hätten es getan, aber die Krankenschwester sagte, es sei besser, ihn so in Erinnerung zu behalten, wie er früher gewesen sei.

Ich bedaure zutiefst, dass ich meine Frau nicht in die Vorbereitungen der Beerdigung einbezogen habe. Ich hatte das Gefühl, es sei meine Aufgabe, sie vor diesen Unannehmlichkeiten zu schützen. Ich glaube, ich habe eine großartige Gelegenheit, uns wirklich nah zu kommen, ungenutzt verstreichen lassen. Ich hätte ihr mehr Kraft zur Bewältigung der Situation zutrauen müssen. Ich bedaure auch, dass ich den Ärzten gestattet habe, ihr im Krankenhaus Beruhigungsmittel zu geben. Ihr Trauern wurde nur deshalb hinausgeschoben, weil diese weinende Ex-Mutter anderen eine Last war.

Am meisten bedaure ich, dass ich selbst die Familie und die Freunde von Michaels Beerdigung ferngehalten habe. Ich bat sie durch meine Eltern ausdrücklich, der Beerdigung fern zu bleiben und keine Blumen zu senden. Ich war so besessen von dem verrückten Wunsch, meine Trauer vor ihnen allen zu verbergen, dass ich zweifellos eine im Leben einmalige Chance verpasste, meine Trauer herauszulassen. Heute weiß ich, dass eine ordentliche Beerdigung statt einer einfachen Andacht am Grab unseres Sohnes meine Frau und mich von einem großen Teil unserer Trauer befreit hätte. In meiner Kindheit hatte ich als Messdiener die tiefe Trauer auf den Beerdigungen von Kindern gesehen, und ich war zu stolz, mich vor anderen Menschen in einem solchen Zustand zu zeigen.

Eine weitere verbreitete Ausweich-Strategie besteht darin, dass im Gespräch der Name des Verstorbenen nur flüsternd ausgesprochen oder ganz vermieden wird:

Nach dem Tod unserer kleinen Tochter hängten wir ein Foto von ihr neben das Foto unseres älteren Kindes. Man konnte diese großen Porträts unserer Töchter nicht übersehen, wenn man das Wohnzimmer betrat. Aber wissen Sie, was geschah, wenn uns jemand besuchte? Sie machten Bemerkungen über das Foto unserer Dreijährigen, erwähnten aber unser Baby mit keinem Wort.

Bei vielen Gelegenheiten habe ich gehört, dass ein totgeborenes Kind mit „es" oder „das Baby" bezeichnet wurde, anstatt das Kind mit seinem oder ihrem Namen zu nennen. In der Vergangenheit wurden Eltern unter diesen Umständen nicht einmal ermutigt, ihrem Kind einen Namen zu geben; denn schließlich, so wurde ihnen gesagt, habe ihr Kind ja gar nicht richtig gelebt! In Deutschland ist es erst seit 1998 möglich, ein totgeborenes Kind – unter bestimmten Voraussetzungen – mit Vornamen und Nachnamen standesamtlich anzumelden.

Diese mangelnde Anerkennung des Wertes, den das Leben eines Kindes hat, beruht auf der allgemeinen Wahrnehmung in unserer Gesellschaft, aber auch auf der Einstellung von Menschen, die glauben, mit dem Tod eines Babys könne man leichter fertig werden als mit dem Tod eines älteren Kindes oder eines Erwachsenen. In der Tat: Wenn Eltern Ratschläge wie *Weine nicht, du bist noch jung und kannst noch mehr Kinder bekommen . . . Es wäre noch schlimmer gewesen, wenn du das Kind mit nach Hause gebracht hättest . . .* bekommen, werden sie bestärkt, den Verlust ihres Babys als unbedeutend anzusehen. Aber noch nach Jahren beweinen sie diesen Verlust, weil sie zum Zeitpunkt des Todes nicht trauern durften. Die meisten Menschen würden es für undenkbar halten, den Tod eines Elternteils, eines Ehepartners oder des besten Freundes vollständig zu ignorieren, aber über Jahre hinweg wurden die Eltern von kleinen Kindern, die gestorben waren, nur in

Ausnahmefällen ermutigt, noch einmal zu ihrem Kind zu gehen oder sich von ihm zu verabschieden.

Diese Geheimnistuerei bezüglich eines Verstorbenen zeigt sich auch in den Entschuldigungen mancher Menschen, sobald ihnen der Name des Toten entschlüpft – denn sie nehmen an, sie hätten Anstoß erregt:

Alice: *Ich habe erst neulich meiner Nachbarin von den Campingurlauben erzählt, die wir mit dir und Bill und den Kindern verbrachten. Das hat so viel Spaß gemacht.*

Mary: *Ja, Bill liebte die Stelle, die wir am Fluss hatten. Campen zu gehen wird nicht mehr so sein wie früher . . .* (Sie beginnt zu weinen.)

Alice: *Ach, Mary, es tut mir so leid. Ich hätte nicht von Bill sprechen sollen. Nun habe ich dich aufgeregt.*

Wir müssen uns bewusst sein, dass in diesem Beispiel die Erwähnung von Bills Namen wahrscheinlich nicht die Ursache für die Tränen war. Mary ist traurig, weil Bill nicht mehr da ist. Vielleicht tut es ihr gut, zu weinen und dann das Gespräch fortzusetzen – immerhin eine Möglichkeit, jemandem zu erzählen, wie schwer der Alltag ohne Bill ist.

Daher wollen wir dieses Gespräch noch einmal beginnen und es nutzen, um Mary eine Gelegenheit zu geben, über ihre Gefühle zu sprechen:

Alice: *Ich habe erst neulich meiner Nachbarin von den Campingurlauben erzählt, die wir mit dir und Bill und den Kindern verbrachten. Das hat so viel Spaß gemacht.*

Mary: *Ja, Bill liebte die Stelle dort unten am Fluss. Campen zu gehen wird nun nicht mehr so sein wie früher . . .* (Sie beginnt zu weinen.)

Alice:	Du hast Recht, Mary. Wir alle werden ihn dieses Jahr im Urlaub vermissen. Ich denke, dass du ihn in vieler Hinsicht jeden Tag vermisst.
Mary:	Natürlich. Ich kann mich immer noch nicht daran gewöhnen, dass ich alles allein machen muss. Weißt du, manchmal decke ich den Tisch zum Abendessen für ihn mit, und wenn mir dann klar wird, dass er nicht nach Hause kommt, bin ich immer wieder von neuem aus der Fassung.
Alice:	Es muss so schwer für dich sein, dich an all diese kleinen Dinge zu gewöhnen . . .

In dieser Weise kann das Gespräch weiter geführt werden, und Alice und Mary sprechen so miteinander, wie sie es normalerweise auch früher getan hätten. Alice braucht sich nicht zu verkrampfen bei dem Versuch, all jene Wörter zu vermeiden, die vielleicht Erinnerungen wachrufe und Mary zum Weinen bringen könnten. Andererseits weiß Mary, dass sie frei über ihre Gefühle sprechen kann, weil Alice davon offensichtlich nicht unangenehm berührt ist. So können beide entspannt sein und dem Gespräch seinen Lauf lassen.

Wir können ruhig über meinen Mann sprechen. Er ist nur gestorben. Es ist nicht so, dass er nie gelebt hat.

Es gab Menschen, die nicht einmal die Tatsache eingestehen konnten, dass Jessie gestorben war oder überhaupt gelebt hatte. Doch die Menschen, die uns offen sagten, was sie nach Jessies Tod fühlten, halfen uns am meisten; sie konnten sowohl lachen als auch weinen über Dinge, die Jessie zusammen mit ihnen gemacht hatte.

Eine andere typische „Ausweich"-Technik besteht darin, trauernden Menschen einfach aus dem Weg zu gehen – man überquert die Straße, wenn man sie kommen sieht, oder geht in die andere Ecke des Supermarktes, bevor man von ihnen gesehen wird.

Seit der Beerdigung haben mir einige Freunde gesagt, sie seien in den letzten Wochen seines Lebens nicht zu ihm ins Krankenhaus gekommen, weil sie nicht wussten, was sie zu ihm sagen sollten, weil er im Sterben lag. Doch sie hätten einfach kommen und über alles sprechen können, wie sie es sonst auch getan hatten. Sie hätten nichts Besonderes sagen müssen.

Ich kehrte einige Monate nach dem Tod meiner Tochter an meine Arbeitsstelle zurück. Immer wenn ich den Aufenthaltsraum betrat, spürte ich eine deutliche Spannung. Ich kam zu der einen Tür herein, und die Anwesenden verkrümelten sich langsam durch die andere Tür.

Manche Menschen konnten uns nicht einmal in die Augen schauen. Sie beeilten sich wegzukommen, als hätten wir die Pest.

Das folgende Gedicht, von einer Witwe geschrieben, spricht von ihrer Enttäuschung über das Ausweichen der Freunde:

Brief an einen Verlorenen

Achtzehn Monate ist es jetzt her, seit du weggingst,
Du weißt, es waren 200 Menschen bei deiner
Beerdigung.
Die meisten waren Freunde, nicht nur Bekannte!
Wohin sind sie wohl alle gegangen?
Ist es nicht komisch, dass sie alle so beschäftigt sind?
Seit einiger Zeit haben sie anscheinend plötzlich so viele
Verpflichtungen.

Es scheint, als ob ich eine ansteckende Krankheit hätte,
seit
Du gestorben bist.

Maureen McCormack

Das Ausweichen ist oft eine versteckte Schutzmaßnahme. Wir glauben, dass wir durch unser Schweigen mithelfen, den Kummer in Schach zu halten. Doch wenn wir akzeptieren lernen, dass wir die Trauer nicht fürchten müssen, dann lernen wir auch, auf welche Weise wir uns der Trauer des anderen Menschen ohne Unbehagen, Verlegenheit oder ähnlich eigenartige Gefühle nähern können. Vielleicht sehen wir dann sogar, dass unsere Schutzmaßnahmen nicht nur auf die anderen ausgerichtet sind – vielleicht versuchen wir auch, uns selbst zu beschützen.

Prüfen Sie das einmal selbst nach. Im Folgenden werden verschiedene Möglichkeiten aufgeführt, wie wir einen Weg zu den Trauernden finden können. Prüfen Sie, ob Sie irgendwelche Verhaltensweisen erkennen, die auf ein Ausweichen oder den Versuch hindeuten, sich selbst zu schützen. Entscheiden Sie, welche Reaktionen Ihrer Meinung nach den Trauernden deutlich machen, dass sie „nicht allein" sind:

Wenn ein Mensch trauert, den ich kenne, würde ich:
- eine Beileidskarte senden
- meine Gefühle zurückhalten, damit der Trauernde nicht noch mehr durcheinander gerät
- nicht darüber sprechen, weil es ihn nur daran erinnern würde
- ihm sagen, dass, auch wenn es jetzt weh tue, er sich in einigen Monaten besser fühlen werde
- mir anhören, worüber er oder sie sprechen möchte
- ihm mit meinen eigenen Worten einen Gruß schreiben
- fragen, ob er über das Geschehene sprechen möchte
- ihn in Ruhe lassen, bis er auf mich zukommt

- ihn zu Hause besuchen
- ihm von anderen Menschen erzählen, die noch schlimmere Erfahrungen machten und doch damit fertig wurden
- fragen, ob ich bei der Haus- oder Gartenarbeit, dem Zubereiten der Mahlzeiten oder irgendetwas anderem helfen kann
- über etwas Erfreuliches reden, um ihn aufzuheitern
- ihm sagen, er solle nicht weinen, weil sonst auch alle anderen zu weinen anfingen
- ihm vorschlagen, zum Beispiel Schlaftabletten zu nehmen, um besser „abschalten" zu können
- ihm sagen, er solle stark sein und ein Beispiel für alle in der Familie sein
- ihn weinen lassen
- ihn so beschäftigt wie möglich halten
- ihn bestärken, sobald wie möglich in Urlaub zu gehen
- seine Reaktionen akzeptieren, auch wenn ich sie für merkwürdig hielte
- vorschlagen, einen Psychiater oder Berater aufzusuchen
- ihm helfen, sobald wie möglich alle persönlichen Dinge des Verstorbenen wegzuräumen.

Kapitel 3: Das Wichtigste auf einen Blick

- In dem Versuch, dem Trauernden die schwierige Situation etwas zu erleichtern, neigen Helfer unter Umständen zu folgenden Verhaltensweisen:
  - sie vermeiden es, den Namen des Verstorbenen zu erwähnen
  - sie lenken die Unterhaltung auf ein anderes Thema, wenn sie zu gefühlsbetont wird
  - sie machen dem Trauernden Vorschläge, wie er wieder „die helle Seite des Lebens" sehen könnte.

Aber die Trauer wird nicht dadurch verringert, wenn wir einfach nur das Thema vermeiden.

● Wir sollten uns darüber im Klaren sein, dass wir vielleicht nur deshalb andere davon abhalten, über den Tod oder ihre Gefühle zu sprechen, weil wir in Wirklichkeit das Bedürfnis haben, uns selbst davor zu schützen.

● Wenn Trauernde darin bestärkt werden, ihren Schmerz zu verbergen, können sich unverarbeitete Gefühle und Gedanken entwickeln, die zu einem späteren Zeitpunkt noch mehr Probleme hervorrufen.

● Wenn wir den Kernfragen Tod, Verlust und Trauer ausweichen, helfen wir weder den anderen Menschen noch uns selbst.

4. Kapitel
„Wie geht es Ihnen?" . . . und was sagt man als nächstes?

Wenn wir Freunde und Bekannte treffen, sagen wir „Guten Tag. Wie geht es Ihnen?" oder „Hallo, wie geht's?" Diese einfache, alltägliche Frage kann jedoch Menschen, die einen lieben Menschen verloren haben, in eine schwierige Situation bringen. Wenn sie jemanden auf der Straße treffen, der höflich fragt: „Wie geht es Ihnen?", ist es oft einfacher für sie zu sagen: „Danke, gut", als zu erklären, wie es wirklich um sie steht. Im Allgemeinen ist es wohl vielen Menschen zur Gewohnheit geworden, zu antworten „Gut" oder „Es geht", auch wenn es nicht so ist.

Stellen Sie sich einmal die Reaktion eines Ihrer Freunde vor, wenn Sie antworten würden: „Ehrlich gesagt, fühle ich mich ganz fürchterlich. Gestern habe ich stundenlang geweint, und ich werde wohl nie darüber hinwegkommen. Am liebsten möchte ich weglaufen, damit ich mit allem nichts mehr zu tun habe!" Wahrscheinlich wird sich Ihr Freund gründlich überlegen, ob er Sie beim nächsten Treffen noch einmal fragen wird, wie es Ihnen geht. Dennoch kann es für Trauernde viel Stress bedeuten, wenn sie dauernd ihre wirklichen Gefühle verbergen müssen, weil sie wissen, dass sich die anderen Menschen unbehaglich fühlen, wenn sie die Wahrheit sagen. Das unangenehme Schweigen, das vielleicht auf eine *wahre* Antwort folgt, veranlasst die Trauernden oft, in Zukunft lieber zu schweigen.

Trauernde müssen in dieser Situation das Gefühl haben, dass alles, was sie tun, falsch ist: Sind sie ehrlich, fühlen sich die anderen vielleicht unwohl, sagen sie aber, es ginge ihnen gut, gehen die anderen weg in dem Glauben, sie seien über den Schmerz hinweg, obwohl das nicht der Fall ist.

Wenn Sie ernsthaft erfahren möchten, wie es einem trauernden Menschen geht, gibt es eine gute Möglichkeit, ihn wissen zu lassen, dass er ganz offen zu Ihnen sein kann. Nachdem Sie den betreffenden Menschen gefragt haben, wie es ihm oder ihr geht, fragen Sie noch ein zweites Mal nach: So geben Sie Ihrem Gesprächspartner gewissermaßen eine zweite Chance zu sagen, wie er oder sie sich fühlt. Das kann etwa folgendermaßen aussehen:

James: *Hallo, Bob, wie geht es dir?*
Bob: *Danke, gut.*
James: *Wirklich?* (etwas verwundert) *Gestern fiel mir auf, dass du so ruhig warst auf dem Treffen mit den Kollegen. Ist wirklich alles in Ordnung mit dir?*
Bob: *Na ja, um die Wahrheit zu sagen, seit Sue mich verließ, bin ich nicht mehr gern mit anderen Menschen zusammen. Als ich gestern sah, wie alle so vergnügt waren . . . da hat es mich gepackt. Ich wollte um jeden Preis nur noch weg!*

James stellte seine Frage noch einmal, mit anderen Worten und mehr Nachdruck, und gab seinem Arbeitskollegen dadurch eine zweite Chance, die Frage nun so zu beantworten, wie er es wirklich wollte – ganz ehrlich. Wenn Sie dies für einen trauernden Freund tun, dann kommen Sie ihm ein Stück weit entgegen. Sie geben ihm Gelegenheit, seine Gefühle teilweise abzuladen, da Ihre Frage ihn einlädt, diese Last mit Ihnen zu teilen – aber nur, wenn er möchte. Er ist nicht gezwungen, irgendetwas preiszugeben, das vielleicht zu persönlich ist; er kann auch auf Ihre zweite Frage antworten: „Es geht mir wirklich gut. Mach dir keine Sorgen."

Hier sind noch einige weitere Vorschläge, wie Sie noch ein zweites Mal nachfragen können:

Jean: *Hallo, Chris, wie geht es dir?*
Chris: *Oh . . . ich glaube, ganz gut.*
Jean: *Du zögerst ein bisschen. Ist wirklich alles in Ordnung?*

Joe: *Wie geht's dir, Mike?*
Mike: *Weißt du, nicht schlecht . . . nicht schlecht.*
Joe: *Klingt, als ob's dir aber auch nicht gut geht. Na, wie geht's denn wirklich zu Hause?*

Alan: *Hallo, Jenny, wie geht's dir denn?*
Jenny: *Ganz gut eigentlich.*
Alan: *Ganz gut? Sag mir, was das wirklich heißt.*

Manche Fragen, die den Trauernden gestellt werden, sind vielleicht zu direkt und können grob, ja sogar gedankenlos klingen:

Bist du immer noch durcheinander durch den Tod deines Vaters?
Bist du noch nicht darüber hinweg?
Hast du es schon akzeptiert?
Trauerst du immer noch?

Solche Fragen sind außerdem auch nicht einfach zu beantworten. Wenn sie vielleicht auch nur ein kurzes „Ja" oder „Nein" erfordern, ist diese Antwort doch nicht umfassend. Der Verwaiste kann die Frage, ob er schon „darüber hinweg" sei, vielleicht gar nicht eindeutig mit ja oder nein beantworten: An manchen Tagen mag es ihm oder ihr leichter fallen zurechtzukommen als an anderen. Manche Gefühle sind vielleicht schwächer geworden, aber einige sind noch sehr intensiv, und es ist schwer, mit ihnen fertig zu werden.

Fragen, die als Antwort „Ja", „Nein" oder ein anderes einziges Wort zulassen, ermuntern den Sprecher nicht, umfassend Auskunft zu geben, und das Gespräch ist unter Umständen mit dieser kurzen Antwort schon beendet. Wenn Sie einem trauernden Menschen wirklich Gelegenheit zum Reden geben möchten, dann versuchen Sie es mit einer Frage, die ihm oder ihr die Möglichkeit gibt, über viele Einzelheiten zu sprechen und seine oder ihre Situation zu schildern:

Wie geht es dir denn im Augenblick?
Was ist seit unserem letzten Treffen so passiert?
Erzähl mir von den Kindern . . . Wie kommen sie zurecht?
Wie meisterst du jetzt alles allein?

Derartige Fragen geben den Trauernden die Möglichkeit zu reden. Sie können auch hier eine kurze Antwort geben, wenn sie möchten, aber es ist zunächst einmal auch Spielraum für eine ausführliche Antwort gegeben.

Diesen Spielraum gewährleisten Sie auch dann, wenn Sie sich folgendermaßen erkundigen:

Ich frage mich oft, wie du wirklich zurecht kommst. Du siehst gut aus, wenn ich dich während der Arbeit sehe, aber ich bin mir nicht sicher, ob wir dein wahres Ich sehen. Liege ich da richtig?

Ich habe dich auf den beiden letzten Treffen nicht gesehen. Ich vermute, es ist nicht leicht für dich, allein zurechtzukommen . . .

Diese Feststellungen sind so aufgebaut, dass der Trauernde sie ergänzen kann; er erhält von Ihnen einen Hinweis und geht ihm nach. Wenn er nicht zum Reden aufgelegt ist, kann er einfach sagen: „Mach dir keine Sorgen. Es ist alles in Ordnung." Doch wenn nicht alles in Ordnung ist, dann zeigt Ihre Frage ihm, dass Sie auf seinen Verlust reagieren. Auf diese Art begreift der Trauernde auch, dass er in seinem Schmerz nicht so allein ist, wie er vielleicht dachte.

Hinter diesen Fragen verbirgt sich noch etwas sehr Positives. Sie zeigen dem Trauernden nämlich, dass er über das Geschehene und seine Gefühle sprechen kann. Durch die Art, wie Sie Ihre Frage gestellt haben, spürt er, dass er Ihnen nichts vorzuspielen braucht und dass Sie auch auf eine traurige, bittere oder ärgerliche Erwiderung gefasst sind. Trauernde erleben diesen Spielraum vielfach als angenehm – sie können einfach sie selbst sein und offen über sich sprechen.

Wenn Sie die Fragen so stellen, dass Sie die tatsächliche Situation kennen lernen, geraten Sie auch nicht in die Falle, dem Trauernden zu erzählen, wie er sich fühlen *sollte*. Und Sie benehmen sich nicht wie manche wohlmeinenden Freunde, die den trauernden Menschen zu trösten versuchen, indem sie ihm von anderen Betroffenen erzählen, denen es noch schlechter geht:

Denk nur an die Eltern, die ihr einziges Kind verlieren. Das wäre noch viel schlimmer. Du hast wenigstens noch die anderen beiden.

Du bist in einer besseren Lage als Frau Schwarz. Sie war erst 46, als ihr Mann starb. Dein Hans lebte wenigstens so lange, dass er seine Enkelkinder noch erleben konnte.

Du hast Glück, dass er schnell von dir ging. Du brauchtest ihn nicht leiden zu sehen wie ich meinen armen Georg.

Obwohl Bemerkungen wie diese gemacht werden, um den Schmerz zu lindern, bewirken sie oft gerade das Gegenteil. Es ist für den Trauernden ärgerlich, verwirrend, sogar deprimierend festzustellen, dass niemand versteht, wie seine Situation wirklich ist – wenn man von dem Missgeschick eines anderen Menschen hört, ändert sich das eigene nicht. Eine Witwe erklärt:

Erzählen Sie mir nichts von anderen Tragödien, etwa von einem Kind, das getötet wurde oder starb. Soll das meinen Verlust erträglicher machen?

Ich habe herausgefunden, dass die Frage „Wie geht es dir?" den größten Erfolg hat, wenn sie etwa in der Form „Wie geht es denn jetzt so bei euch?" gestellt wird. Ich finde diese Frage so offen, dass sie eine Vielzahl von Antworten zulässt, und zwar in Bezug auf den Angesprochenen und auf die anderen Familienmitglieder. Sehen wir uns einmal an, wie eine derartige Eröffnung des Gespräches aussehen könnte:

Doris: *Hallo, Sue, wie geht es denn jetzt so bei euch?*
Sue: *So lala. Die Kinder sind ein bisschen viel für mich allein, und sie fragen ständig nach ihrem Vater.*
Doris: *Ich glaube, es ist wirklich schwer, ihnen darauf zu antworten.*
Sue: *Natürlich. Und dann all der juristische Kram – den brauche ich wirklich im Augenblick am wenigsten. Und die Krönung von allem war dann, dass mein Auto gestern einfach stehenblieb und ich mitten im dicksten Verkehr in Tränen ausbrach. Es ist zum Verrücktwerden!*
Doris: *Du hast im Augenblick ein bisschen viel zu bewältigen, Sue, kein Wunder, dass du in Tränen ausbrichst.*

Sue: *Hm, ich weine wohl ziemlich viel . . .*

Doris: *Es gibt viel, worüber du weinen kannst, wenn du an all die Jahre zusammen mit Tony denkst und an die Pläne, die ihr noch hattet!*

Sue: *Ja, erinnere dich, wie wir darüber sprachen . . .*

Dieses Gespräch könnte noch lange so fortgesetzt werden, und Sue könnte so viel sagen, wie sie möchte, ohne das Thema zu wechseln. Menschen wie Sue müssen spüren, dass ihre Freunde sich bei jeder ihrer Antworten wohl fühlen und sich nicht wegen ihrer Offenheit zurückziehen. Unter solchen Bedingungen wird ihnen das Sprechen leicht gemacht, auch wenn das Thema schwierig ist.

Kehren wir noch einmal zurück zu der Unterhaltung mit Sue. Was geschähe, wenn Sue nicht von sich selbst spräche; davon, wie *sie* im Augenblick zurecht kommt, was ich doch vor allem wissen möchte? Ich könnte ihr zuhören, wie sie mir von den Kindern erzählt, von den juristischen Dingen, von dem Auto und anderen Dingen. Um sie dazu zu bringen, dass sie über sich selbst berichtet, könnte ich nach einer Weile etwa sagen: „Und was ist mit dir, Sue, wie bist du dem allen gewachsen?" Es ist erstaunlich, wie oft auf diese Frage geantwortet wird: „Möchtest du das wirklich wissen?" Ich vermute, viele trauernde Menschen sind so daran gewöhnt, dass ihre Freunde nicht wissen wollen, wie es ihnen wirklich geht, dass sie ein wenig überrascht sind, wenn sie aufgefordert werden, über das Geschehene *und* ihre Gefühle zu reden.

Benutzen Sie daher Fragen, die es den trauernden Menschen erleichtern, darüber zu sprechen, wie es ihnen tatsächlich so geht. Sobald sie sich Ihnen gegenüber zwanglos geben, können Sie die Unterhaltung bei diesem Thema halten, indem Sie noch ein paar zusätzliche Fragen stellen, etwa:

Und welches Gefühl löste das bei dir aus?
Und was tatest du danach?
Wie möchtest du gern von den anderen Menschen behandelt werden?
Ich weiß nicht, ob ich das richtig verstehe. Kannst du mir erklären, was du damit meinst?

Wenn Sie fragen, sollten Sie allerdings auch bereit sein, sich die Antwort anzuhören. Das Zuhören ist eine der wichtigsten Fähigkeiten für einen Menschen, der helfen möchte.

Kapitel 4: Das Wichtigste auf einen Blick

- Die Frage „Wie geht es dir?" mag schwierig zu beantworten sein, wenn man trauert, denn man ist sich vielleicht nicht sicher, ob der Freund auf die *wahre* Antwort vorbereitet ist oder ob er eine neutrale Antwort wie „Danke, gut" hören möchte.
- Es gibt eine Reihe von Fragetechniken, die es Ihnen gestatten herauszufinden, wie ein trauernder Mensch wirklich zurechtkommt. Manchmal müssen Sie vielleicht die gleiche Frage noch einmal auf eine andere Weise stellen, um Ihrem Freund klarzumachen, dass Sie ihm die Möglichkeit geben möchten, über seine Gefühle zu sprechen, wenn er das Bedürfnis danach hat. Ein Schlüsselwort ist hier *Spielraum* – stellen Sie Fragen, die dem trauernden Menschen Spielraum für ehrliche Antworten geben.
- Auch wenn Ihr Freund aus der Fassung gerät, wenn er Ihre Frage beantwortet, ist ihm doch eine echte Frage von einem aufmerksamen Zuhörer meist willkommener als eine Unterhaltung, die von „Du sollst", „Du müsstest" und Unglücksgeschichten über andere Menschen beherrscht wird.

5. Kapitel
Aktiv zuhören hilft

Als ich einmal vor etwa hundert Zuhörern über das Thema Trauer sprach, meldete sich in der Fragestunde ein mürrisch wirkender Mann zu Wort und behauptete, er könne meine Empfehlung, dass wir wirklich einfach durch Zuhören einem trauernden Menschen helfen könnten, nicht akzeptieren.

Doch wenn Sie trauernde Menschen fragen, was sie sich am meisten von den Menschen um sich herum wünschen, gehört zu den Antworten meist auch „Einen Menschen, der zuhört":

Ich brauche jemanden, der mir zuhört, damit ich weiß, dass mit mir alles in Ordnung ist. Ich habe jedoch herausgefunden, dass ich die Menschen sehr gut auswählen muss, mit denen ich spreche. Alle glauben, ich sei darüber hinweg, aber ich spiele das den anderen nur vor, weil ich nur so wenige Menschen gefunden habe, die wirklich zuhören können.

Niemand sprach mit mir über sie. Sie hatten die falsche Vorstellung, sie dürften mich nicht aus der Fassung bringen und deshalb nicht mit mir darüber sprechen. Ich bezeichnete mich selbst als „den Mann in der Luftblase" – es war wirklich so, als sei ich durch eine unsichtbare Wand von allen anderen abgetrennt. Einige Male versuchte ich mit anderen Menschen über sie zu sprechen, aber sie konnten einfach nicht damit umgehen. Sie wechselten das

Thema, blickten auf ihre Füße oder schauten zur Zimmer-decke.[3]

Um auf den Mann in meinem Vortrag zurückzukommen, so glaube ich, er verstand „zuhören" als eine Tätigkeit, die nur darin besteht, dass man seinem Freund gegenübersitzt und ihn reden und reden lässt, ohne dabei selbst etwas zu tun. Mit anderen Worten, für ihn schien das Zuhören eine ziemlich passive Angelegenheit zu sein. Doch das Zuhören hat damit nichts zu tun. Es ist die grundlegendste, doch schwerste aller Fähigkeiten, die man als Helfer benötigt. Es ist durchaus nicht einfach, jemandem aufmerksam zuzuhören. Es erfordert, dass Sie sich aktiv in die Gefühle des anderen Menschen hineinversetzen. Dazu sind Konzentration und Selbstdisziplin erforderlich, und es führt überhaupt nur zum Erfolg, wenn Sie tatsächlich den Wunsch haben, diesem Menschen zu helfen.

Was ist das Besondere am Zuhören? Wie geht es vor sich? Wenn wir einem Menschen zuhören, der ein Problem hat, so bieten wir ihm in erster Linie die Möglichkeit, offen über eine Angelegenheit zu sprechen, die für ihn von großer Bedeutung ist. Durch das offene Gespräch wird das Problem ans Licht gebracht und überprüft: Gedanken werden geklärt, und möglicherweise können Entscheidungen getroffen und in die Tat umgesetzt werden. Wenn Ihre Umwelt dagegen von Ihnen erwartet, dass Sie sich verschließen, so liegt genau dort Ihr Problem – fest verschlossen, zusammen mit all Ihren diesbezüglichen Gefühlen. Wir haben aber bereits gesehen, was geschehen kann, wenn Sie Ihre Gefühle nicht herauslassen.

Wenn wir trauernden Menschen zuhören, wird ihnen noch etwas anderes ermöglicht – sie können alle Dinge, die in der nun zu Ende gegangenen Beziehung wichtig waren, in Worte fassen. Jeder trauernde Mensch, den ich kennen gelernt habe, hatte eine solche Liste wichtiger Dinge, angefüllt mit Einzelheiten, die Außenstehende nicht wissen konnten, die aber die Bedeutung der vergangenen wie auch der zukünftigen Pläne, Hoffnungen und Träume unterstrichen. Diese Liste wird übrigens nie schwarz auf weiß niedergeschrieben, aber man kann sich darauf verlassen, dass sie existiert, und es sind nur einige Worte wie „Erzähl mir doch . . ." nötig, um die Geschichte in Gang zu bringen. Dies erinnert mich an einen Grabstein, den ich früher einmal sah und der an das Leben und den zu frühen Tod einer heißgeliebten Tochter erinnern sollte. Er war geschmückt mit einer Abwandlung von Elizabeth Brownings berühmten Worten: *Auf welch vielfältige Weise haben wir sie geliebt? Lasst uns die Weisen zählen. . .* Wenn wir einem trauernden Freund zuhören, lassen wir ihn „zählen". Das bedeutet meist, dass der Trauernde seine Geschichte immer wieder erzählen möchte. Auch wenn Außenstehende durch das Anhören derselben alten Einzelheiten irritiert und sogar gelangweilt werden, hilft es dem Trauernden, offen über seinen Verlust zu reden und so etwas, das ihm unmöglich schien, wirklich werden zu lassen. Nach und nach wird die Geschichte ihre besondere Bedeutung in dem Leben des Trauernden verlieren, wenn er allmählich neue Dinge in sein Leben treten lässt.

Hier sind einige Ratschläge, wie Sie aktiv und gut zuhören können:

1. Der Trauernde soll sehen, dass Sie zuhören.

Sorgen Sie dafür, dass Sie durch Ihre Körpersprache ein Interesse an dem ausdrücken, was gesagt wird. Wenn Sie sich einem Menschen leicht zuneigen, fasst dieser Ihre Haltung als ein Zeichen des Interesses auf, während fest verschränkte Arme oder dauernde Blicke auf die Uhr oder auf Vorübergehende vielleicht als Interesselosigkeit, Ungeduld oder Unbehagen mit dem Gesagten interpretiert werden. Es kann sogar einen Unterschied bedeuten, wo Sie sitzen – sprechen Sie mit jemandem, der von Ihnen durch einen Tisch getrennt ist, mag das Gespräch nicht so einfach sein, als wenn dieser Mensch seinen Stuhl neben Sie rückt.

2. Der Trauernde soll hören, dass Sie zuhören.

Halten Sie das Gespräch im Fluss. Ein richtig eingeworfenes „mhm" ist genauso gut wie die Worte „Ich verstehe, was du meinst", weil der Sprechende nicht unterbrochen wird. „Oh" und ein Nicken mit dem Kopf haben dieselbe Wirkung.

Wenn Sie etwas klären möchten, versuchen Sie es folgendermaßen:

Sprecher: *Ich bin ganz sicher, dass ich verrückt werde.*
Zuhörer: *Verrückt?*
Sprecher: *Weißt du, ich schlafe nicht, ich habe ständig Tagträume. Das sieht mir nicht ähnlich.*

Indem Sie, der Zuhörer, einfach das letzte Wort in fragendem Tonfall wiederholen, weiß der Sprecher, dass Sie noch mehr Einzelheiten wissen möchten, aber da Sie Ihrerseits nur das Nötigste sagen, kann das Gespräch beim Thema gehalten werden.

3. Klären Sie, ob Sie von Natur aus ein Erzähler oder ein Zuhörer sind.

Hier kommt die Disziplin ins Spiel. Erzähler mögen es vielleicht schwierig finden, ihre Begeisterung für das Reden im Zaum zu halten. Vermeiden Sie, Bemerkungen wie diese einzuwerfen:

Das Gleiche ist mir auch passiert ...

Das erinnert mich an . . .
Habe ich dir von der Zeit erzählt, als . . .

Ihre Geschichte kann den Sprecher so stark ablenken, dass er seine eigene nicht mehr erzählt. Auch wenn Sie zum Ausgangspunkt des Gesprächs zurückkehren, etwa durch eine Frage wie „Was hast du gerade gesagt?", hat der Sprecher vielleicht schon herausgefunden, dass Sie überhaupt nicht interessiert sind, und schließt das Thema ab mit der Bemerkung: „Mach dir keine Sorgen, es war nicht so wichtig."

Eine treffende Bemerkung über das Zuhören verdient es, hier wiederholt zu werden – *Sie haben zwei Ohren und einen Mund. Benutzen Sie sie im entsprechenden Verhältnis.*

4. Lassen Sie Schweigen zu.

Manche trauernden Menschen brauchen während des Gesprächs Perioden des Schweigens. In diesen Momenten sammeln sie vielleicht ihre Gedanken oder überdenken das Gesagte noch einmal. Ein entscheidendes Erlebnis wieder zu erzählen – wie es geschah, wer die Nachricht übermittelte, wie Sie reagierten und so weiter – ist anstrengend. Das Schweigen ist vielleicht zur innerlichen Entspannung nötig und um Kraft zu sammeln. Eine Zeit der Stille bedeutet vielleicht auch, dass Ihr trauernder Freund das, was geschehen ist, noch auf sich wirken lassen muss.

Sie brauchen diese Lücken in der Unterhaltung nicht aufzufüllen. Allein schon mit Ihrer Anwesenheit tun Sie etwas Hilfreiches – Sie nehmen Anteil an der Trauer.

5. Drücken Sie Ihr Verständnis in Worten aus.

Wenn Sie an der Reihe sind zu sprechen, geben Sie das Gehörte mit Ihren eigenen Worten wieder. Das bestätigt dem Sprecher, dass Sie alles richtig verstanden haben.

Sprecher: Es ist schrecklich, allein zu sein. Es ist kaum zu glauben, wie groß das Haus jetzt erscheint, wo ich allein darin wohne.

Zuhörer: Es scheint, dass Tom eine große Lücke hinterlassen hat – nicht nur im Haus, sondern auch in deinem Leben.

Lassen Sie sich nicht dazu verführen, genau dieselben Worte zu benutzen wie der Sprecher – sie riskieren sonst, sich wie ein Papagei anzuhören. Seien Sie selbstsicher genug, Ihre eigene Ausdrucksweise zu benutzen, doch achten Sie darauf, dass Sie das, was Sie verstanden haben, genau wiedergeben.

Sprecher: Ich hasse es, wenn es nachts regnet. Ich muss dann immer an meinen kleinen Jungen auf dem kalten Friedhof denken. Das ist eines der schrecklichsten Gefühle, die ich habe. Ich möchte ihn einfach in den Arm nehmen und beschützen, doch ich kann nur hier sitzen . . . ganz hilflos.

Zuhörer: Es ist sicher schrecklich, damit zu leben. Für eine Mutter muss es so schwer sein, wenn sie nicht all das tun kann, was sie so gern täte.

Als guter Zuhörer müssen Sie im Auge behalten, dass Sie nicht dafür verantwortlich sind, den Schmerz, der mit der erzählten Geschichte verbunden ist, zu stillen, zu verändern, zu heilen oder auszulöschen. Deshalb brauchen Sie sich nicht anzustrengen, nach den entsprechenden Worten zu suchen. Ich denke in diesem Zusammenhang besonders an all die Redeweisen, die den Trauernden als tröstende Worte angeboten werden, obwohl sie in Wirklichkeit überhaupt kein Zeichen des Verständnisses sind – und verstanden zu werden ist eines der wichtigsten Bedürfnisse von trauernden Menschen.

Als mein Bruder bei einem Bootsunfall gestorben war, sagten die Menschen immer: „Er starb wenigstens bei seiner Lieblingsbeschäftigung." Ich konnte nur daran denken, dass er noch am Leben sein und weiter seinem Hobby nachgehen sollte.

„Du bist so stark. Du wirst es schaffen." Was soll denn das bloß heißen? Vielleicht, dass ich mich nicht zerrissen, verrückt, verlassen, einsam, wütend, verbittert, verwundet, verwirrt, durcheinander, geisteskrank oder dem Selbstmord nahe fühlen würde oder sollte . . . Drei verschiedene Menschen sagten das zu mir. Es verblüffte und verletzte mich.

In einer von den Gesundheitsbehörden Mitte der achtziger Jahre durchgeführten Umfrage[4] wurden verwaiste Eltern gebeten anzugeben, welche unpassenden Bemerkungen andere Menschen ihnen gegenüber gemacht hatten. Hier sind einige davon:

Weine nicht, sei stark.
Ich weiß, wie du dich fühlst.
Du solltest den Tod jetzt verwunden haben.
Stell dich auf die Zukunft ein, anderen geht es noch
    schlechter.
Wahrscheinlich ist es so am besten.
Solche Dinge geschehen.
Du bist nicht die einzige.
Es war wohl Gottes Wille.
Du kannst noch ein Baby haben.
Du hast dich verändert.
Verliere nicht die Fassung, weine nicht.
Das Leben muss weiter gehen.

Obwohl Sie mit diesen Bemerkungen wenigstens etwas sagen können, wenn Ihnen eigentlich die Worte fehlen, wird

Ihrem Freund damit nur wenig geholfen. Im Gegenteil, diese Worte sagen ihm wahrscheinlich, dass Sie ihn nicht verstehen, und gerade dies möchten Sie doch vermeiden. Solche Bemerkungen sind tatsächlich eine Art moralische Kritik – sie versuchen die wahren Auswirkungen der Trauer dadurch zu verbergen, dass sie dem Trauernden empfehlen, er solle weniger Schmerz empfinden, weniger weinen, weniger Fragen stellen.

Wahrscheinlich löst die Bemerkung *Ich weiß, wie du dich fühlst* bei den Trauernden von allen Äußerungen der obigen Liste den größten Schmerz aus. Diese so harmlos wirkenden Worte können die Trauernden derart in Rage bringen, dass ich in diesem Zusammenhang immer wieder höre – *Wenn noch irgendjemand das zu mir sagt, fange ich an zu schreien!* Mit den Worten *Ich weiß, wie du dich fühlst* erwecken Sie den Eindruck, als hätten Sie zu dem Verstorbenen die gleiche Beziehung gehabt wie Ihr trauernder Freund. Das ist aber nicht der Fall. Wie können Sie annehmen, dass Sie genau dasselbe wie ein anderer Mensch fühlen? Nehmen wir als Beispiel den Tod eines Kindes in einer Familie. Jeder Elternteil trauert um andere Dinge in der Beziehung zu diesem Kind, und so ist es auch bei den Geschwistern. Jeder von ihnen hat ein persönliches Repertoire von Dingen, die in dieser Beziehung wichtig waren. Es ist geprägt durch ihre eigenen Empfindungen und durch die Erinnerung an unterschiedliche Gespräche, unterschiedliche besondere Erlebnisse, unterschiedliche Wünsche. Daher ist auch ihre Trauer unterschiedlich. Die wohl bemerkenswerteste Erwiderung auf diese Redensart, die ich je gehört habe, möchte ich Ihnen nicht vorenthalten:

Freundin: *Ich weiß, wie du dich fühlst.*
Witwe: *Ach, wirklich? Kanntest du meinen Mann **so** gut?!*

Nehmen wir einmal an, Sie wissen, was es bedeutet, die Großeltern, Mutter, Vater, Kind oder Ehegatten zu verlieren. Doch denken Sie daran, dass die Trauer um den Verlust Ihre ganz persönliche Erfahrung ist. Sie wissen nur, wie *Sie* sich zu jener Zeit fühlten. Es gibt nicht eine allgemein gültige Trauererfahrung. Ich bin überzeugt, dass Ihr Verlust Ihnen hilft, Situationen und Probleme zu verstehen, die alle Trauernden gleichermaßen erleben. Was tun Sie zum Beispiel, wenn das erste Weihnachtsfest herankommt? Was tun Sie mit all den Kleidern im Kleiderschrank? Wie fassen Sie Mut, wieder unter Menschen zu gehen? Was sagen Sie, wenn Sie gefragt werden, wie viele Kinder Sie haben? Auch wenn alle Trauernden Schwierigkeiten dieser Art haben, so müssen sie doch im Zusammenhang mit der besonderen persönlichen Erfahrung des Einzelnen gesehen werden.

Kapitel 5: Das Wichtigste auf einen Blick

Zuhören ist
- ein wertvolles Geschenk. Wenn jemand einem Menschen so lange aufmerksam zuhört, bis dieser sich alles vom Herzen geredet hat, so bedeutet das, dass nicht nur der betreffende Mensch anerkannt wird, sondern auch das, was er erlebt hat.
- sichtbar an Ihrem Körper, Ihren Gesten und dem Augenkontakt.
- eine Tätigkeit, die einfach aussehen mag, aber Erfahrung, Disziplin und die Bereitschaft voraussetzt, sich von den Gefühlen eines anderen Menschen berühren zu lassen. Zuhören geschieht nicht ohne Anstrengung, sondern erfordert im Gegenteil viel Mühe.
- eine Gelegenheit für Ihren Freund, die verschiedenen Möglichkeiten „zu zählen", wie er oder sie sich an den verstorbenen Menschen erinnert.

- sichtbar an der Art, in der Sie antworten, wenn Sie mit Sprechen an der Reihe sind.
- Hilfe.
- ein Zeichen dafür, dass Ihnen auch das Schweigen angenehm ist.

Zuhören ist nicht
- Ratgeben.
- Antworten mit abgedroschenen Redensarten.
- Kritik an dem Gehörten.
- Wechsel des Themas.
- Schmälerung des Geschehenen – *Es hätte noch schlimmer sein können.*
- Stillen des Schmerzes oder Heilung der Trauer. Sondern es ist darauf gerichtet, die Trauer, von der sonst vielleicht kein Mensch erfahren würde, ans Licht zu bringen.

6. Kapitel
Was bedeutet „Empathie"?

Lassen Sie uns annehmen, Sie führen ein flüssiges Gespräch mit jemandem, der trauert. Doch hin und wieder macht Ihr Freund bestimmte Bemerkungen, die Sie ernsthaft beunruhigen:

Es ist allein meine Schuld . . . Ich werde mir nie verzeihen.

Ich wünschte, ich wäre auch tot . . . Es gibt für mich keinen Grund, am Leben zu bleiben.

Ich bin ein hoffnungslos schlechter Vater . . . Wenn ich gesehen hätte, wie deprimiert er war, wäre er vielleicht noch hier.

Ich werde nie darüber hinweg kommen . . . Ich werde nie wieder glücklich sein.

Es ist schwer für uns, solche Worte anzuhören. Sie sind voller Schmerz und deuten auf den Kern der Verzweiflung des anderen Menschen. Instinktiv möchten wir sofort ausrufen: *Nein, du irrst dich. Du darfst dir nicht die Schuld geben. Du kannst deswegen nicht den Rest deines Lebens wegwerfen. Du musst versuchen weiterzumachen. Du musst!* Tatsächlich hat das Gespräch einen Scheideweg erreicht, und die Antwort des Helfers gibt höchstwahrscheinlich den Ausschlag, wohin es sich nun wenden wird.

Sie können als Helfer in solch einer Situation verschieden reagieren. Wenn Sie sich unbehaglich fühlen, besteht die einfachste Lösung vielleicht darin, dass Sie sich auf irgendeine Weise aus der Situation zurückziehen. Das erreichen Sie beispielsweise, indem Sie körperlich auf Distanz zu dem Sprecher gehen – Sie rutschen auf Ihrem Stuhl ganz nach hinten, treten einen oder zwei Schritte zurück oder lehnen sich in eine andere Richtung. Auch andere wortlose Signale lassen keinen Zweifel an Ihren Gefühlen, etwa wenn Sie den Augenkontakt abbrechen, unruhig werden oder plötzlich auf Ihre Uhr schauen. Wenn Ihr Freund diese Signale bemerkt, versteht er sicherlich den Wink und lässt das Thema fallen.

Eine andere Rückzugsmöglichkeit besteht darin, dass Sie Ihren Freund zur Vernunft bringen wollen. Sie sagen ihm, dass er nicht logisch denkt:

Es ist Unsinn, so zu reden. Natürlich gibt es vieles, für das es sich zu leben lohnt. Du möchtest doch gern sehen, wie deine Kinder erwachsen werden und ihre eigenen Familien haben, nicht wahr?

Das ist ganz typisch für dich – immer siehst du die Schattenseite der Dinge. Du bist jung, du wirst wieder heiraten.

Dies führt Sie vielleicht zu einer anderen Möglichkeit des Rückzugs: Sie fordern den Verwaisten auf, alles von einem anderen Standpunkt zu betrachten – dem Ihrigen:

Wenn ich du wäre, ginge ich in Urlaub.

Wenn es nach mir ginge, würde ich sofort wieder ein Baby haben.

An deiner Stelle würde ich das Haus verkaufen und so von all diesen Erinnerungen wegkommen.

Sie können sich auch mit Worten zurückziehen, indem Sie das Gesprächsthema wechseln und zu einem fröhlicheren Thema übergehen:

Du wirst jetzt allmählich ganz pathologisch. Warum sprechen wir nicht über . . .

In letzter Zeit sprichst du nur über die Vergangenheit. Denk an die Zukunft und . . .

Genug mit all den traurigen Sachen. Was hast du sonst noch so in letzter Zeit getan?

Schließlich können Sie Ihrem Freund auch antworten, indem Sie ihn mit harten Worten zurechtweisen – es sei nun an der Zeit, dass er dieses selbstsüchtige Gerede einstelle und endlich wieder normal lebe:

Du tust dir nur selbst Leid. Es wird Zeit, dass du dich zusammenreißt.

Anderen Menschen geht es noch schlechter als dir.

Das Weinen hilft dir nicht. Lass alles hinter dir und fange ein neues Leben an.

Sie haben am Scheideweg eines Gespräches aber auch die Möglichkeit, sich eines sehr wirksamen Hilfsmittels zu bedienen, nämlich der *Empathie*, des *Einfühlungsvermögens*. Verwechseln Sie das Einfühlen nicht mit Mitleid – es geht nicht einfach darum zu sagen, dass es Ihnen leid tut. Empathie bedeutet, dass Sie mit Ihrem Herzen zuhören. So können Sie Ihrem Freund sagen, dass Sie verstehen, was er durchmacht. Noch wichtiger ist jedoch, dass einfühlsame Worte auch verborgene Botschaften enthalten, die ihn wissen lassen, dass Sie verstehen, wie er an seine Probleme herangeht (auch wenn Sie das nicht selbst erlebt haben oder sogar glauben, Sie würden dieses Problem anders anfassen). Im Begriff der Empathie schwingt immer mit, dass Sie die Sichtweise des anderen Menschen begreifen – *Ihre* Meinung, *Ihr* Rat oder *Ihre* Anschauungen spielen dabei keine Rolle. Da Empathie nicht urteilt, nichts zu ändern oder Probleme zu lösen versucht, nicht schmälert oder kritisiert, kann das Gespräch offen gehalten werden. Hierin liegt ihre Stärke.

Wenn aufmerksames Zuhören und Einfühlungsvermögen sich verbinden, haben sie eine starke Wirkung – sie können mithelfen, dass eine aufgestaute Trauer losgelassen wird. Auf welche Weise? Sie gestatten im Grunde dem trauernden Menschen, genau das in den Brennpunkt zu rücken, was ihn bedrückt, und das steht in krassem Gegensatz zu dem, was die meisten anderen Menschen vorschlagen. Dies wird oft mit dem Ausdruck „zulassen" bezeichnet. Trauernde Menschen brauchen die Bestätigung, dass es in Ordnung ist, wenn sie *sprechen* und *fühlen*. Wenn Sie einen trauernden Menschen reden, reden, reden lassen, so erlauben Sie diesem Menschen, alle wichtigen Facetten der Persönlichkeit des gestorbenen Menschen und seiner Beziehung zu ihm aufzuzählen. Wie oft ist es doch so, dass man sich erst dann völlig klar darüber wird, was einem wichtig ist, wenn es einem weggenommen wird. Aber oft glauben die Menschen in Ihrer Umgebung, es sei ihre Aufgabe, das Gegenteil zu tun – nämlich, Ihnen zu sagen, dass der Verlust gar nicht so schlimm sei, wie Sie glauben:

Du hast Glück, er hat wenigstens nicht gelitten.

Du hast Glück, du bist noch so jung, dass du wieder heiraten kannst.

Du hast Glück, du hast das Kind wenigstens nicht voll ausgetragen.

Sie wären sicher erstaunt, wenn Sie wüssten, wie oft Menschen gesagt wird, sie „hätten Glück", wenn etwas in ihrem Leben schief geht! Statt den Verlust klein zu reden, lernen Sie doch, sich in den anderen Menschen einzufühlen. Hier ist ein Beispiel:

Jane:	*Ich habe nichts mehr, für das es sich zu leben lohnt. Mein Junge bedeutete mir alles. Er hat es nicht verdient, so zu sterben. Warum mein Sohn? Warum unsere Familie?*
Vikar:	*Tim bedeutete Ihnen sehr viel, nicht wahr? Sie haben das Gefühl, dass Ihr Leben leer und ungerecht ist, weil er nicht mehr da ist.*

Sehen wir uns die Antwort des Vikars einmal genauer an. Er versucht nicht, das Gespräch abzuschneiden, und er erteilt Jane keinen Rat. Er äußert keinen Gemeinplatz wie… *Es ist Gottes Wille* und keine Kritik an Janes Gefühlen. In seinen Worten ist auch keine verborgene Botschaft enthalten, die ihr sagt, sie solle aufhören, sich selbst leid zu tun. Stattdessen lässt der Vikar sie unmissverständlich wissen, dass er ihren Standpunkt verstanden hat. Auch wenn er vielleicht nicht mit ihrer Schlussfolgerung übereinstimmt, dass es nichts mehr gebe, für das es sich zu leben lohne, weiß er zu diesem Zeitpunkt, dass sie ihm ihre Gefühle nur dann offenbart, wenn er ihr sein Verständnis zeigen kann. Hier wird das Einfühlungsvermögen dazu genutzt, Vertrauen zu schaffen und eine Beziehung zwischen Jane und dem Vikar aufzubauen. Der Vikar weiß, je mehr Verständnis er Jane zeigt, umso wahrscheinlicher ist es, dass sie über ihre

Gefühle spricht. Hielte sie ihre Gefühle jedoch in sich verschlossen, könnte sie sich überhaupt nicht mit ihnen auseinander setzen. Am Scheideweg hat der Vikar Empathie statt Ratschlag gewählt, denn er weiß, dass Jane an diesem Punkt ihrer Trauer einen Menschen braucht, der ihr zuhört, während ein Ratschlag sie vielleicht dazu brächte zu glauben, niemand verstünde sie wirklich. Wenn dies einträte, würde die Beziehung zwischen dem Helfer und dem Trauernden zusammenbrechen.

Um Empathie noch wirkungsvoller einzusetzen, sollten Sie Ihre Worte so wählen, dass sie genau mit dem *Tonfall* der Mitteilung übereinstimmen, die Sie gerade gehört haben. Stellen Sie sich vor, Ihre Freundin beschreibt einen Streit so: „Er beschimpfte mich fürchterlich, und ich schrie zurück, dass er nicht das Recht habe, so mit mir zu sprechen. Mann, war ich wütend!" Würden Sie jetzt antworten: „Mir scheint, du warst ärgerlich", würde Ihre Freundin wahrscheinlich schnell einwerfen: „Ärgerlich? Mehr als das. Ich war drauf und dran, ihn zu schlagen." Je genauer Sie aufnehmen, was der Sprecher fühlt, umso mehr zeigen Sie, dass Sie zugehört haben. Es besteht also eine enge Verbindung zwischen Zuhören und Empathie – wenn Sie nicht richtig zuhören, wissen Sie nicht, wie Sie Ihre Antwort formulieren sollen und Ihr Einfühlen mag vielleicht falsch ausgerichtet sein und nicht so überzeugend wirken.

Nur durch Übung lernt man, wie man sich in andere Menschen einfühlen kann. Das bedeutet, dass wir uns in unseren täglichen Gesprächen damit vertraut machen müssen, und das ist oft einfacher, als es zunächst scheint. Suchen Sie nach Gelegenheiten in Ihren Gesprächen während der Arbeit oder zu Hause, um anderen Menschen zu zeigen, dass Sie die Dinge von ihrem Standpunkt aus sehen können. Denken Sie daran: Wenn Sie einem Menschen zuhören und sich in ihn einfühlen, sagen Sie ihm oder ihr eigentlich *Also, das ist dir wirklich wichtig.*

Wenn wir uns erst einmal bewusst gemacht haben, wie wichtig Empathie ist, gibt es zahlreiche Gelegenheiten, bei denen wir sie anwenden können:

Kunde: *Ich bin so fassungslos. Ich habe monatelang gespart, um dieses Ding zu kaufen, und als ich nach Hause kam, ging es kaputt, als ich es das erste Mal benutzte.*

Verkäufer: *Kein Wunder, dass Sie ärgerlich sind. Sie haben so lange auf diesen Kauf gewartet, und dann erfüllte unsere Ware Ihre Erwartungen nicht.*

Jugendlicher: *Der Trainer wählt immer seine Lieblinge aus. Ich wollte sowieso nicht in diesem blöden Endspiel spielen.*

Eltern: *Du scheinst wirklich enttäuscht zu sein, weil du auf der Ersatzbank sitzen bleiben musstest.*

Ehemann: *Was muss denn ein Kerl noch tun, um voran zu kommen? Meine Zahlen sind hoch, ich bringe neue Kunden an, ich nehme nie einen freien Tag . . .*

Ehefrau: *Ich sehe, dass du frustriert bist, weil niemand deine Anstrengungen anerkennt.*

In all diesen Fällen könnte die Unterhaltung leicht weiter fließen und den Sprechern erlauben, sich ihre Gefühle von der Seele zu reden. Der Zuhörer kann das Geschehene wahrscheinlich nicht ändern oder in Ordnung bringen, aber er kann eine Atmosphäre schaffen, die dem anderen Menschen sagt: *Ich kann hören, dass du aufgebracht bist. Ich werde weiter zuhören, wenn du noch länger darüber sprechen möchtest.*

Wenn Sie sich nicht sicher sind, wie Sie eine einfühlende Bemerkung formulieren sollen, können Sie zum Beispiel mit Worten beginnen wie:

Du hast gesagt, dass . . .
Du fühlst (dich) . . ., weil . . .
Es gibt viel (Schmerz/Wut/Enttäuschung) in deinem
  Leben, weil . . .
Ich entnehme deinen Worten, dass . . .

Achten Sie jedoch darauf, dass Ihre Antworten nicht mechanisch oder unnatürlich klingen. Ich finde es ehrlicher, wenn Sie zu einem guten Freund in Ihrer gewohnten Art sprechen und keine Ausdrücke verwenden, die nicht zu Ihnen passen.

Bob:	*Ich glaube nicht, dass es einen Gott in dieser Welt gibt. Zuerst verliere ich meinen Ältesten bei einem Radunfall, und nun wird mein anderer Sohn vermisst. Was soll ein Mann da tun?*
Ted:	*Was für eine schwierige Situation ist das, Bob. Es ist einfach nicht gerecht.*

Ted hat mit seiner Antwort Bobs Verzweiflung genau erfasst. Er hat sehr genau zum Ausdruck gebracht, wie gut er sich in Bobs Lage einfühlen kann, ohne nach übertriebenen oder klugen Worten zu suchen. Er hätte Bob Moral predigen, einen Rat geben oder etwas sagen können, um Bob von seinen Gedanken abzubringen, doch im entscheidenden Moment wählte er die Empathie und ließ Bob wissen, dass es in Ordnung ist, wenn er es so empfindet.

Sue:	*Ist alles in Ordnung mit dir, Jane? Schau dir einmal die Ringe unter deinen Augen an.*

| Jane: | Ich kann einfach nicht schlafen. Weißt du, nachts ist es am schlimmsten. Ich liege wach und bin davon überzeugt, dass ich Tim im Haus herumgehen höre. Ich weiß, es ist nur Wunschdenken, aber ich täte alles, wenn er nur zurückkäme. |
| Sue: | Ich glaube, es ist nachts für dich sehr einsam. Du vermisst Tim bestimmt unheimlich. |

Durch das Zuhören sagt Sue: *Erzähl mir, was ist dir jetzt im Augenblick wichtig?* Dann antwortet Sue mit Empathie und kann Jane indirekt klarmachen, dass sie ihre Einsamkeit verstanden hat. Sue verschafft Jane einen Ausweg, indem sie *auf diese Gefühle eingeht.* Und Jane wird sich wahrscheinlich besser fühlen – nicht weil ihr die Trauer abgenommen wurde, sondern weil ein anderer Mensch daran Anteil genommen, zugehört und diese Trauer anerkannt hat.

Das Einsetzen von Empathie in unseren Gesprächen bedeutet folgendes: Wenn jemand etwas preisgibt, was ihm wichtig ist, haben wir vier Möglichkeiten für unsere Antwort. Wir können

1. einen Gemeinplatz wiedergeben,
2. eine Bemerkung machen, die auf Tatsachen basiert,
3. eine Meinung abgeben,
4. eine einfühlende Aussage machen.

Empathie bedeutet, dass wir eine einfühlende Aussage als Antwort auf die gefühlsmäßige Aussage eines anderen Menschen wählen. Sie übermittelt dem anderen ganz einfach „Wir haben dieselbe Wellenlänge" und schließt den Eindruck „Niemand versteht mich" aus. Sie vermindert die Wahrscheinlichkeit, dass sich der Betreffende einsam oder missverstanden fühlt – was eintreten kann, wenn der

Helfer mit einem Gemeinplatz, einer Tatsache oder einer Meinung auf eine gefühlsmäßige Aussage antwortet.

Es folgen einige Beispiele:

Julie: *Ich verstehe einfach nicht, dass so etwas passieren kann. Alles lief so glatt, und dann sagen sie plötzlich, dass sie mich nicht mehr brauchen. Gestern hatte ich eine Stelle, und heute habe ich nichts.*

Mike: **Gemeinplatz:** *So etwas passiert, Julie. Du wirst es überleben.*

Tatsache: *Arbeitslosigkeit gehört eben heutzutage zu unserem Leben.*

Meinung: *Ich glaube, ehe du dich versiehst, wirst du etwas anderes gefunden haben.*

Einfühlen: *Was für ein Schlag war das für dich. Und gerade als alles so gut für dich lief.*

Terry: *Irgendetwas stimmt nicht mit Lisa. Seit das Baby da ist, bemerkt sie mich kaum noch. Und sie möchte nicht mehr ausgehen und wie früher etwas mit mir unternehmen. Ich weiß nicht, was los ist, und ich weiß vor allem nicht, was ich tun soll.*

Jeff: **Gemeinplatz:** *Frauen! Man kann nicht mit ihnen leben und auch nicht ohne sie.*

Tatsache: *An Kinder muss man sich immer erst gewöhnen. Du wirst es schaffen.*

Meinung: *Du solltest vielleicht wieder Golf spielen. Dann kommst du wenigstens mal raus.*

Einfühlen: *Lisa bereitet dir wirklich Kummer, nicht? Ihr beide standet euch immer so nah. Das muss schwer für dich sein.*

Kate:	Ich weiß nicht, wie ich jetzt mit Bens Geburtstag fertig werde. Ich denke ständig an das letzte Jahr und die große Feier. Und jetzt kann ich nur an sein Grab gehen und sein Bild anschauen.
Kelly:	**Gemeinplatz:** *Alles wird gut werden.*
	Tatsache: *Du hast wenigstens deine Erinnerungen.*
	Meinung: *An deiner Stelle würde ich wieder ausgehen. Du brauchst einen neuen Mann in deinem Leben.*
	Einfühlen: *Sein Geburtstag ist bestimmt ein schwerer Tag für dich, Kate. Ich denke, dass sein Foto ein sehr schwacher Ersatz für ihn ist.*

Wenn Sie in Ihren Antworten Empathie einsetzen, schaffen Sie Verstehen und Vertrauen in Ihrer Beziehung zu dem anderen Menschen. Auf dieser Grundlage können Sie viel leichter weitere Fragen stellen, um die Gefühle und Absichten des anderen zu klären. Außerdem haben Sie eine viel bessere Vorstellung von dem Problem Ihres Freundes, falls Sie gebeten werden, bei der Bewältigung der Situation mitzuhelfen.

Erlauben Sie mir eine letzte Bemerkung zur Empathie: Verwechseln Sie sie nicht mit Zustimmung. Durch die Wahl von Worten, die Ihr Verständnis für den Standpunkt des anderen ausdrücken, sagen Sie eben nicht, dass Sie übereinstimmen mit dem, was der andere fühlt, tut oder sagt. Sondern Sie bestätigen, dass Sie verstehen, was für den anderen von Bedeutung ist.

Nun sind Sie an der Reihe zu üben. Die folgenden Seiten enthalten Beispiele für Gespräche. Stellen Sie sich vor, Sie seien der Mensch, an den sich jeder Sprecher mit seinem Kummer wendet. Sie haben drei Aufgaben zu erledigen.

Wenn Sie das Gespräch gelesen haben, finden Sie zuerst heraus, welches Gefühl bei dem Sprecher vorherrscht. Untersuchen Sie dann die Antwort des Helfers und finden Sie heraus, wie diese Antwort sich für Sie anfühlen würde, wenn Sie selbst trauern würden. Fragen Sie sich: Wenn ich so spräche, diese Erfahrungen machte und in dieser Lage wäre, wie wäre das? Schreiben Sie Ihre Meinung auf. Zum Schluss wagen Sie sich an eine eigene einfühlende Antwort, und beachten Sie bei der Wahl Ihrer Worte, ob sie wirklich treffend sind. Zeigen sie, dass Sie den Gesichtspunkt des Sprechers angehört und verstanden haben? Haben Sie verstanden, was am wichtigsten ist? Sie können Ihre Antworten mit einigen Vorschlägen auf Seite 147 vergleichen.

Gespräch 1

Susanne: *Mami, ich möchte nicht zu der Weihnachtsfeier kommen. Mir ist nicht nach Feiern zumute nach allem, was ich durchgemacht habe. Alle werden mit ihren Freundinnen oder Freunden da sein, nur ich nicht.*

Mutter: *Aber Susi, wie wirst du je zu einem normalen Leben zurückfinden, wenn du dich so abkapselst? Ihr wart doch nicht verheiratet. Er war doch nur dein Freund, und es gibt noch viele junge Männer für ein hübsches Mädchen wie dich.*

Das vorherrschende Gefühl ist

_____

Was halten Sie von der Antwort?

_____

_____

Wie würden Sie mit Empathie antworten?

_____

_____

_____

_____

Gespräch 2

Anne: *Jedes Mal, wenn ich eine andere Mutter mit
         ihrem Baby sehe, möchte ich es ihr am liebs-
         ten wegreißen und nach Hause tragen und so
         tun, als sei es mein Baby. Es ist einfach nicht
         gerecht. Wir hatten nur sie, und andere Fami-
         lien haben ein Dutzend Kinder. Warum wir?
         Warum unser kleines Mädchen?*

Brian: *Das klingt ja, als ob du allmählich verrückt
         würdest. Entführung? Und was dann? Wenn
         du ein neues Hobby oder irgend einen Sport
         anfangen würdest, hättest du keine Zeit für
         solche Gedanken.*

Das vorherrschende Gefühl ist

_____

_____

Was halten Sie von der Antwort?

_____

_____

_____

_____

Wie würden Sie mit Empathie antworten?

_____

_____

_____

_____

Gespräch 3

Charles: Ich hatte mich so darauf gefreut, dass Bruce bald die Oberschule abschließen würde. Alle meine Pläne für ihn sind zusammen mit dem verdammten Auto, das ich ihm schenkte, zu Bruch gegangen. Ich half ihm sogar noch, den leistungsstarken Motor einzubauen. Ich hätte wissen müssen, dass er zu schnell war für ein Kind wie ihn.

Ken: Sieh die Sache doch so, mein Freund. Du hattest ihn doch 19 Jahre lang – und es waren noch dazu gute Jahre. Daran solltest du denken und nicht an den Unfall und das Auto.

Das vorherrschende Gefühl ist

_____

_____

Was halten Sie von der Antwort?

_____

_____

_____

_____

Wie würden Sie mit Empathie antworten?

_____

_____

_____

_____

Gespräch 4

Barbara: *Es war schlimm genug, als wir entdeckten, dass wir nie Kinder haben könnten. Aber ich ahnte ja nicht, dass es so weh tun würde, als ich dann alle meine Freunde mit ihren Kindern sah. Ich habe es satt, zu den Geburtstagen ihrer Kinder und den Essen mit ihren Familien zu gehen. Es ist, als wäre ich auf den Zuschauerrängen und sähe dem ganzen Spaß nur von außen zu ... und wünschte ...*

Janine: *Vergiss jetzt nicht all den Spaß, den du hattest, als wir mit den dreckigen Windeln zu Hause festsaßen. Und was ist mit all den Urlauben und dem Swimmingpool? Das hättet ihr euch alles nicht leisten können, hättet ihr eine Horde von Kindern füttern müssen.*

Das vorherrschende Gefühl ist

_____

_____

Was halten Sie von der Antwort?

_____

_____

Wie würden Sie mit Empathie antworten?

_____

_____

_____

_____

Gespräch 5

Irene: *Wäre ich doch an jenem Morgen nur nicht so müde gewesen. Ich wollte Ted gar nicht so anschreien. Was ich sagte, habe ich gar nicht so gemeint. Und nun ist er für immer gegangen. Wenn ich nur noch einmal mit ihm sprechen könnte.*

Kaye: *Du kannst nicht ändern, was geschehen ist, Irene. Ich an deiner Stelle wäre mit dem nächsten Flugzeug weg von allem hier. Du brauchst einen richtig langen Urlaub. Dann kannst du zurückkommen, und dein Leben geht weiter.*

Das vorherrschende Gefühl ist

_____

_____

Was halten Sie von der Antwort?

_____

_____

_____

_____

Wie würden Sie mit Empathie antworten?

_____

_____

_____

_____

Gespräch 6

John: *Ich könnte diesen Arzt umbringen. Monatelang erzählt er mir, alles sei in Ordnung, und
nun sagt er, es sähe nach Krebs aus. Morgen
machen sie Blutanalysen, übermorgen eine
Ultraschalluntersuchung, und wer weiß, was
sie dann mit mir machen werden!*

Mark: *Schau, es hat keinen Sinn, dass du dich auf-
regst. Heutzutage können sie fast alles heilen.
Und nimm es nicht so schwer mit diesem
Arzt; er soll ein wirklich guter Chirurg sein.*

Das vorherrschende Gefühl ist

_____

_____

Was halten Sie von der Antwort?

_____

_____

_____

_____

_____

Wie würden Sie mit Empathie antworten?

_____

_____

_____

_____

Kapitel 6: Das Wichtigste auf einen Blick

Empathie ist:
- Eingehen auf die Gefühle Ihres Freundes
- akzeptieren, wie Ihr Freund sich fühlt
- anerkennen, was Ihr Freund fühlt
- hören, was am wichtigsten ist
- dem Freund zugestehen, dass er so fühlt, wie sie oder er fühlen möchte
- helfen

7. Kapitel
Hilft es, wenn man gläubig ist?

Ich erhielt einmal einen Telefonanruf von einem jungen Mädchen. Sie bat mich um einen Termin für ein Gespräch, denn sie benötigte Hilfe, um mit dem Tod ihres Vaters ins Reine zu kommen. „Ich möchte etwas mitbringen und Ihnen zeigen", kündigte sie an. Als wir uns trafen, zog sie ein kleines Päckchen aus der Hosentasche ihrer Jeans und überreichte es mir mit den Worten: „Meine Tante hat mir das gegeben. Sie sagte, es würde helfen. Ich weiß nicht so recht, was ich damit anfangen soll." Sie hatte einen Rosenkranz geschenkt bekommen, etwas, das sie noch nie gesehen hatte. Ich vermute, sie war erstaunt, wie ein Gegenstand, der wie eine Halskette aussah, ihr helfen sollte.

Aus dem Erlebnis dieses jungen Mädchens lässt sich etwas Wichtiges über die Bedeutung des Glaubens beim Heilen der Trauer entnehmen: Wir können nicht davon ausgehen, dass der Glaube allen Menschen etwas gibt, insbesondere jenen Menschen, die in ihrem bisherigen Leben keine Beziehung zu einer Kirche und ihren Lehren hatten. Ich sage nicht, dass diejenigen, die nicht zur Kirche gehen, keinen Trost aus der Bibel oder von einem Pfarrer erhalten können. Worte, die aus dem Geist des Glaubens gesprochen werden, sind wertvoller, wenn sie auf die Bedürfnisse des trauernden Menschen eingehen und in seiner oder ihrer Sprache einen Sinn ergeben. Hören Sie sich einmal die folgenden Worte eines Pfarrers bei einer Beerdigung an:

Wie treten wir vor Gottes Angesicht?
Die Antwort ist: so, wie wir sind.
Wir sind vom Unglück betäubt.
Wir sind entsetzt und erschüttert durch den Verlust.
Wir kommen in unserem Schmerz, in unserer Frustration, enttäuscht, verwirrt und zornig.
Wir kommen mit vielen Fragen . . .
Ich glaube, es ist wichtig, dass wir erkennen, was wir fühlen, und uns den Tatsachen stellen.
Ich glaube, dass alles, was wir hier tun, rechtschaffen und wahr und lauter ist.
Das bedeutet vor allem, dass die Tragödie von Pauls Tod, der viel zu früh eingetreten ist, auch klar als eine Tragödie bezeichnet werden muss.
Gott wollte genauso wenig wie wir, dass er zu einem Zeitpunkt starb, als er noch ein halbes Leben vor sich hatte.
Es wäre bestimmt eine Gotteslästerung, wollten wir etwas anderes andeuten.

Diese Worte beziehen sich auf den Tod eines 43 Jahre alten Ehemannes und Vaters. Wir bekommen eine einfache, ehrliche und niederschmetternde Darstellung der Tatsachen zu hören: Paul starb. Das ist eine Tragödie. Er war noch zu jung. Beschuldigt nicht Gott.

Die dreigeteilte Botschaft dieser Worte richtet sich an die Menschen, die an der Beerdigung teilnehmen. Aber sie gilt auch für jeden Menschen, der einem trauernden Freund zum Trost einige christliche Worte sagen möchte. Erstens wird das Gefühl des großen Verlustes angesprochen, das dieser Tod hervorruft: *Wir kommen in unserem Schmerz . . . Wir kommen voller Fragen . . .* Zweitens wird nicht versucht, Zeugnisse aus der Bibel oder aus anderen Texten anzuführen, wie andere Menschen in Zeiten des Unglücks Kraft oder Glauben zeigten: *Wir kommen, wie wir sind . . .*

Drittens gibt es keine Worte wie: *Es ist Gottes Wille. Gott nimmt nur die Besten. Gott wirkt auf verschlungenen Pfaden.*

Stattdessen fährt der Geistliche fort:

Gottes Herz, das voller Liebe ist, bricht als erstes. Und unsere christliche Hoffnung ruht nicht auf einem Gott, der einen Zauberstab schwingt, sondern auf einem Gott, der mit uns durch die Dunkelheit geht und die Dunkelheit hell macht.

Deshalb wollen wir versuchen, weder die Umstände zu verunklaren, die zu Pauls Tod führten, noch die Begleiterscheinungen dieses Todes mit leichten, bedeutungslosen oder frommen Worten zu mildern.

Die Frage nach dem „Warum?" kann über die medizinische Antwort hinaus nicht beantwortet werden.

Mit anderen Worten, er sagt, dass die christliche Antwort auf den Tod darin besteht, in ihm das zu sehen, was er ist – die Folge unseres Menschseins: menschliche Körper versagen, menschliche Autofahrer verursachen Unfälle, menschliche Ärzte können nicht jeden Menschen heilen. Wir brauchen die Wahrheit nicht zu „verunklaren", indem wir uns etwas anderes einreden.

Elaine Peddy, Gründerin einer Selbsthilfegruppe für junge verwitwete Menschen, ermutigt Betroffene zu derselben Denkweise:

Am Sonntagmorgen nach Geoffs Tod besuchte ich den Gottesdienst in der Kirche. Ich war verwundert, als ein Mann meine Hand drückte und sagte: „Es tut mir Leid wegen Ihres Mannes, aber ist es nicht ein Wunder, wie Gott mich verschonte." Ich blickte ihn entsetzt an – dieser Mann von siebzig Jahren, der vor wenigen Wochen nach einem Unfall, in dem sein Auto total zerstört wurde, vom

*Unfallort unverletzt nach Hause ging, deutete nun an –
sicherlich nicht bewusst –, dass Gott seine Lieblinge habe.
Ich war natürlich froh, dass er gesund war, doch ich dachte auch, wenn Gott so spielt, warum nahm Er dann einen
jungen Menschen, der noch so viel zu geben hatte, und
nicht den älteren Mann? Bei ihm klang es so, als spiele
Gott ein Brettspiel . . .*

*Ich verübelte es den Menschen, wenn sie sagten, dass
Gott diese Tragödie in meinem Leben zuließ, um damit
Seinen Namen zu ehren. Wenn dies in meinem Fall zuträfe, so würde ich lieber nicht an Gott glauben, wenn
damit Geoffs Leben gerettet worden wäre. Ich persönlich
brauchte kein unseliges Ereignis in meinem Leben, um
meine Liebe zu Gott zu bezeugen. Ich brauchte kein
traumatisches Erlebnis, um meine Gleichheit mit Jesus
zu beweisen . . . Gott wählte Geoffrey nicht zufällig
aus, sein Tod war ein Teil der menschlichen Unvollkom-
menheit.*[5]

Weshalb sind religiöse Gemeinplätze so sehr zum Bestandteil unserer „Beileidssprache" geworden? Ich habe den Verdacht, dass wir schon fast automatisch reagieren und auch
nicht viel darüber nachdenken. Die Worte fließen uns fast
zu leicht von den Lippen: *Gottes Wille. Gottes Absicht.
Gottes Plan.*

Vielleicht können wir nichts anderes denken, wenn das
Unvorstellbare geschieht. Wir bemühen uns, Antworten
auf die Frage nach dem Grund der Tragödie zu finden, und
schieben vielleicht Gott die Verantwortung zu, weil es keine andere logische Erklärung zu geben scheint. Oder ist es
so, dass wir jemanden dafür verantwortlich machen müssen, und wenn wir keine menschliche Ursache finden,
dann wird Gott zum Sündenbock?

Was auch der Grund sein mag – solches Denken ist besonders dann unangebracht, wenn wir damit den Trauern-

den bestärken möchten, seine Trauer zu beenden. Die Andeutung, dass Gott ihm dieses Kreuz auferlegt und dass er es mit möglichst wenig Aufhebens oder mit besonders starkem Glauben zu tragen habe, belastet ihn nur noch stärker. Bei praktizierenden Christen kann es sogar Schuldgefühle oder Selbstzweifel auslösen, wenn sie versuchen herauszufinden, warum ihr Glaube ihre Trauer und alle damit verbundenen Gefühle nicht lindert.

Graeme Griffin, der schon in Kapitel 1 zitiert wurde, spricht von der Einseitigkeit des Glaubens, die sich daraus ergibt, dass nicht die volle Skala der menschlichen Emotionen anerkannt wird, besonders wenn die betreffenden Gefühle feindlich oder negativ sind:

Wir haben das Gefühl, wir müssen nett zu Gott sein und ihm immerzu sagen, was für ein großartiger Kerl er ist, und so wird uns die Hälfte unserer gefühlsmäßigen Ausrüstung weggenommen. Was noch schlimmer ist, unsere Beziehung zu Gott wird auf eine völlig falsche Grundlage gestellt, wenn wir nur einiges von dem ausdrücken können, was wir für ihn empfinden . . . wenn wir uns nur auf das Positive konzentrieren, wenn wir die widersprüchlichen Gefühle, die wir gleichzeitig haben – Gefühle von Liebe und Verehrung und Gefühle von Verlassenheit und Verletzung und Enttäuschung –, nicht haben dürfen. Wenn alles gleich sein muss, dann hören wir nicht nur auf, ehrlich mit Gott zu sein, sondern uns kann dann auch nicht mehr wirklich von der Kirche geholfen werden . . .[6]

Ähnlich verhält es sich, wenn wir auf den „Segen" eines Todesfalles hinweisen möchten und vielleicht von Menschen fordern, dass sie ihren Verlust als gering ansehen sollen, weil der Angehörige oder Freund nun nicht mehr länger leidet. Obwohl es für uns ein Trost ist, dies zu wissen, so ist das, was wir verstandesmäßig *wissen*, etwas ganz anderes als das, was wir tatsächlich *fühlen*. Die Wahrheit ist, dass der Glaube den Schmerz der Trauer nicht verhindert, auch ist er kein Ausgleich für das leere Haus einer Witwe oder die verwaiste Wiege einer Mutter oder für den Vater oder die Mutter, die nun nicht mehr da sind.

Es gab noch eine andere Gelegenheit, bei der jemand versuchte, mir seine Vorstellungen aufzudrängen, als ich in einer Phase tiefster Niedergeschlagenheit steckte ... Diese Frau gab mir zu verstehen, ich müsse akzeptieren, wenn Gott Seinem einzigen Sohn erlaubte zu sterben, dann würde Er nicht zögern, auch Geoffs Leben zu nehmen. Ich erwiderte ihr: „Ja, aber mein Mann war nicht zum Erlöser der Welt bestimmt."[7]

Der Glaube kann Ihnen inmitten der Trostlosigkeit des Schmerzes Hoffnung geben, und das Gebet ermöglicht Ihnen, Ihre Gedanken mit jemandem zu besprechen, der Ihnen wirklich zuhört. Doch der Glaube an Gott ist nicht die Lösung an sich, ein Allheilmittel, ein Teppich, unter den wir unsere wahren Gefühle kehren sollen. Wenn wir von der Auferstehung statt von Gefühlen reden, dann bieten wir nur pseudo-religiöse Hilfe an. Ich hörte einmal von einem Priester eine Geschichte über einen anderen Priester, der eine Familie besuchen wollte, deren Kind an Plötzlichem Kindstod gestorben war. Bei seiner Ankunft öffnete die Mutter die Tür und beschimpfte ihn kräftig: Wie konnte Gott das tun? Warum lässt Er die Unschuldigen leiden? Warum ihr Kleines? Der Priester blieb da, ganz ruhig. Als der Zorn nachgelassen hatte, weinten Vater und Mutter eine lange Zeit, und der Priester blieb immer noch. Für die Eltern verkörperte er einen Gott, der nicht gekränkt wegging, sondern blieb und sie so akzeptierte, wie sie waren, und der nicht versuchte, ihre Gefühle oder ihre Überzeugungen oder die Situation zu ändern. Er versuchte auch nicht, sie aufzuheitern oder Glaubensworte zu zitieren. Er blieb einfach da und entschied sich, *bei* den Eltern zu bleiben statt *zu* ihnen zu sprechen. Er verstand offensichtlich etwas vom Ablauf des Trauerns und versuchte nicht, ihren Verlust in der „Nettigkeit" eines pseudo-religiösen Gespräches zu ersticken, wie etwa *Gott wollte sie wohl bei sich im Himmel haben.*

Mit christlichen Worten ausgedrückt, braucht ein Freund, der einem anderen helfen möchte, nur an die biblische Geschichte von Lazarus zu denken, um zu wissen, dass es nicht nötig ist, *Sei tapfer* oder *Sei stark* zu sagen. Als Lazarus stirbt, wird uns nur gesagt: „Jesus weinte." Diese einfachen Worte erlauben auch uns, ehrlich in unseren Gefühlen zu sein.

Ich kann aufrichtig sagen, dass ich nicht „Gott sei Dank" sagen kann für den nutzlosen Tod meines Mannes und des Vaters unserer Kinder ... Ich danke Ihm für die Kraft ... Ich kann Ihn loben für die $13^1/_2$ Jahre, die Geoff und ich gemeinsam hatten ... Ich dankte Gott, dass Er mein Leiden verstand.[8]

Kapitel 7: Das Wichtigste auf einen Blick

- Wenn der Tod uns Furcht bereitet, wenden sich gläubige Menschen und sogar Menschen, die sich nicht als Anhänger eines bestimmten Glaubens bezeichnen, auf ihrer Suche nach Antworten und tröstenden Worten „religiösen" Botschaften zu.
- Manchen religiösen Gemeinplätzen liegt eine Botschaft zugrunde, die mit einschließt, dass der Tod ein Bestandteil von Gottes Plan sei und wir deshalb „gute Miene zum bösen Spiel" machen müssen. Eine Aussage, sei sie nun religiös oder nicht religiös, die den

Fluss der natürlichen Gefühle einschränkt, hilft Trauernden nicht.

- Der Glaube ist kein Ersatz für Gefühle, besonders nicht für Gefühle wie Verletzung, Wut und Enttäuschung. Die Worte der Menschen, nicht das Evangelium, halten uns vom Trauern ab – *Selig die Trauernden, denn sie werden getröstet werden* (Matthäus 5).

8. Kapitel
Wann sollten Sie professionelle Hilfe hinzuziehen?

Wenn Sie sich große Sorgen um einen trauernden Menschen machen oder wenn Sie das Gefühl haben, es sei Hilfe in größerem Umfang erforderlich, fragen Sie, ob er oder sie vielleicht mit einem psychologischen Berater sprechen möchte. Sie könnten anbieten, einen Termin auszumachen oder den Betreffenden dorthin zu begleiten, falls er oder sie nicht allein sein möchte. Seien Sie nicht erstaunt, wenn Sie auf Widerstand stoßen. Manche Menschen glauben, man brauche die professionelle Hilfe eines Psychologen nur, wenn man verrückt sei. Das ist aber ein absurder Gedanke, verglichen mit unserer Bereitschaft, andere Formen von Hilfe anzunehmen. Wenn wir Zahnschmerzen, Sehstörungen oder Schmerzen haben, fragen wir den entsprechenden Fachmann um Rat. Psychiater und Psychologen sind vor allem dafür ausgebildet, Probleme zu lösen, allerdings nicht in dem Sinn, dass sie diese Probleme zum Verschwinden bringen. Sie sollten jedoch die Fähigkeit besitzen, ihrem Klienten zu helfen, sein Problem klar zu erkennen und dann Mittel und Wege zum Umgang mit diesem Problem zu finden.

Erfolgreiche Psychologen entwickeln zunächst eine Beziehung zu ihrem Klienten, indem sie sich seine Geschichte anhören und durch Einsatz von Empathie eine enge Verbindung zu ihm oder ihr herstellen und Vertrauen aufbauen. Dann können Psychologe und Klient gemeinsam daran arbeiten, Maßnahmen zum Anpacken des Problems zu entwickeln.

Eine psychologische Beratung ist dann besonders hilfreich, wenn ein Mensch in seinem Kummer „festzusitzen" scheint. Ein Merkmal dafür, dass er festsitzt, sind bestimmte Gefühle wie Schuld, Bitterkeit oder Wut, die sein Denken und folglich auch sein Verhalten beherrschen.

Ein Psychologe kann erkennen, wie ein Mensch denkt. Manchmal lassen die Gedanken und Vorstellungen, die man sich bezüglich eines Problems macht, dieses Problem bedrohlicher erscheinen, als es in Wirklichkeit ist.

Hier ist ein Beispiel:

John:	*Ich bin richtig enttäuscht von meinen Freunden. Zu Anfang sagten sie, sie wären für mich da, aber jetzt lässt sich keiner sehen. Als ob sie alles vergessen hätten.*
Psychologe:	*Sie fühlen sich von einer ganzen Reihe von Menschen im Stich gelassen, auf die Sie Ihrer Meinung nach zählen konnten.*
John:	*Ja, sie haben mich wie eine heiße Semmel fallen gelassen.*
Psychologe:	*Wie sollten Ihre Freunde denn sein?*
John:	*Sehen Sie, ich weiß, dass sie viel zu tun haben und so, aber wenigstens ein Anruf alle paar Wochen müsste doch möglich sein. Vielleicht ein Bier am Wochenende. Doch sie meiden mich wie die Pest. Und wenn ich ein bisschen durchhänge, könnten sie vielleicht da sein, damit ich alles rauslassen kann. Ich erwarte keine Wunder von ihnen – ich weiß, sie können meine Frau nicht zurückbringen –, aber wenigstens etwas Verständnis, bis ich wieder obenauf bin.*
Psychologe:	*Haben Sie das Ihren Freunden gesagt?*

John:	*Ihnen gesagt? So direkt? Nein. Ich möchte sie nicht verletzen. Dann würde sich niemand mehr mit mir abgeben.*
Psychologe:	*Glauben Sie wirklich, „niemand würde sich mit Ihnen abgeben"?*
John:	*Nein, eigentlich nicht.*
Psychologe:	*Angenommen, Sie würden es Ihren Freunden sagen, inwiefern wäre dann Ihr Leben anders?*
John:	*Ich vermute, es würde die schwarzen von den weißen Schafen trennen. Ich würde ziemlich schnell herausfinden, wer meine wahren Freunde sind.*
Psychologe:	*Könnten Sie unter Ihren Freunden einen auswählen, dem gegenüber Sie dies zunächst einmal erwähnen, sozusagen als Probe aufs Exempel?*

Auf diese Weise erreichte der Psychologe, dass John sein Problem klar erkannte, über Lösungen nachdachte und sich ein Ziel setzte, wie er diese enttäuschenden Freunde anpacken konnte. John dachte, er könne seine missliche Lage nicht ändern. Doch jetzt weiß er, dass es möglich ist, selbst davon zu sprechen, wie er sich fühlt. Er könnte es zunächst nur einem Menschen gegenüber erwähnen, die Reaktion abwarten und es dann noch mit mehreren anderen ausprobieren.

Manche trauernden Menschen haben eine Sicht von der Welt, die von falschen Vorstellungen geprägt ist – *Ich werde nie wieder glücklich sein. Mein Leben ist für immer zerstört.* Wenn Menschen trauern, denken sie leicht, sie kämen nie darüber hinweg. Der Gedanke daran, dass nichts je wieder so sein werde wie früher, beschäftigt sie. Und sie haben Recht. Das Leben wird nie wieder genauso sein wie früher, aber das bedeutet nicht, dass es für immer unglücklich sein muss, nur weil es im Augenblick unerträglich ist.

Das ist zwar schwer zu glauben, aber es ist wahr. Es wäre gut, wenn Trauernde sich dies vor Augen hielten, doch natürlich können sie das nicht, weil ihr Kopf voll ist von Fragen, Schock, Angst und was sonst noch zu ihrer Trauer gehört. Im Brennpunkt steht, was verloren ist, was nie mehr sein wird. Das kann zu einer „Katastrophenstimmung" führen – einer tiefgreifenden Verunsicherung mit Verneinung des Lebens und Untergangsstimmung. Sie wird etwa folgendermaßen ausgedrückt:

Sein Gesicht wird mich für den Rest meines Lebens verfolgen.
Ich werde niemals wieder lächeln können.
Ich werde nie, nie damit zurechtkommen.
Mein Leben ist vorbei. Ich habe nichts mehr, wofür ich leben kann.

Eine derart zum Ausdruck gebrachte Verzweiflung finde ich normalerweise nicht alarmierend, und ich halte sie für eine recht genaue Beschreibung der Empfindungen zu Beginn der Trauer. Mit der Zeit stellt der Trauernde fest, dass er sich dem Fluss des Lebens wieder anschließen kann, auch wenn das Leben zuerst beängstigend ist und oft nach völlig neuen Regeln abzulaufen scheint. Hier kann ein Psychologe ganz spezielle Methoden anwenden, um den Unterschied zwischen der Vorstellung des Trauernden, es gebe nichts mehr, wofür sich noch zu leben lohne, und der Wirklichkeit klarzustellen. Die Erfahrung zeigt, dass die meisten Menschen wieder lernen zu lächeln und wieder glücklich werden können. Doch wenn zu der Trauer noch ein ausgeprägt negatives Denken hinzu kommt, fällt es dem Trauernden noch schwerer zu glauben, dass dies möglich sei.

Manchmal besteht die Hilfe eines Psychologen nur darin, den Trauernden klarzumachen, dass ihre Trauer nicht

„sonderbar" ist und dass sie nicht verrückt werden. Da die Trauer so viele neue und manchmal erschreckende Reaktionen auslösen kann, schlussfolgern manche Trauernden schnell, bei ihnen laufe alles vollkommen falsch. Wenn Freunde diese Vorstellung auch noch bestärken, indem sie sagen oder andeuten, die Trauer dauere nun schon zu lange, so ist der Trauernde leicht davon überzeugt, dass er „den Verstand verliert". In solchen Fällen kann der Berater nicht nur klarstellen, was wirkliche Trauer ist, sondern auch sinnvolle Vorgehensweisen im Umgang mit diesen wohlmeinenden Freunden anbieten. Bei mehr als einer Gelegenheit habe ich erlebt, wie erleichtert ein Mensch war, der mir gegenüber saß, als ich ihm sagte, seine Trauer sei ganz normal – das Problem liege darin, wie er die ganze Situation empfinde, nicht in der Trauer an sich.

Ein guter Psychologe oder professioneller Berater kann deshalb eine äußerst wichtige Rolle unter all den hilfsbereiten Menschen wie Familie, Freunde, Arbeitgeber und anderen spielen. Doch worin besteht der Unterschied? Was können Psychologen und Berater tun und andere Helfer vielleicht nicht? Vor allem können sie systematisch und erschöpfend Methoden zur Lösung des Problems von einem objektiven Standpunkt aus anwenden, der nicht darauf ausgerichtet ist, „den Kummer zu heilen", sondern im Gegenteil alle Aspekte einbezieht, die dieses Problem berühren. Ich glaube nicht, dass trauernde Menschen derartige Hilfe von einem Freund erbitten oder etwa haben möchten. Von Freunden wird nicht mehr erwartet, als dass sie einfach „da sind". Doch wenn die Trauer sich nicht auflöst und in irgendeiner Weise übertrieben, verlängert, verzögert oder durch zusätzliche Aspekte belastet erscheint, dann ist es Zeit, sich nach weiterer Hilfe umzuschauen.

Unglücklicherweise sind nicht alle Psychologen oder Berater gut. Ich habe Menschen getroffen, die von professionellen Beratern behindert statt unterstützt wurden. Später waren sie dann nicht bereit, es nochmals mit jemand anderem zu versuchen. Ich erinnere mich an einen Mann, der mich anrief, nachdem ihm ein Psychiater gesagt hatte, er würde über den Tod seines kleinen Sohnes besser hinwegkommen, wenn er nicht immer ein gerahmtes Foto von ihm mit sich herumtrüge. Der Mann war bestürzt. Das Foto war alles, was er noch hatte. Da der Sohn erst vor einigen Monaten gestorben war, konnte ich nichts Schlimmes in dem Verhalten des Vaters sehen. Es war noch zu früh, hier von einer nicht überwundenen oder verlängerten Trauer zu sprechen. Doch wenn der Helfer von dem Standpunkt ausgeht, dass es „Zeit sei aufzuhören, darüber nachzudenken" oder dass der persönliche Besitz des Verstorbenen für den Trauernden Ausdruck einer pathologischen Situation sei, dann erteilt er auch vielleicht einen falschen Rat.

Bei einer anderen Gelegenheit erhielt ich einen Telefonanruf von einem Mitarbeiter des Gesundheitsdienstes, der von einem Kollegen den Auftrag erhalten hatte, Hilfe für eine trauernde Mutter zu beschaffen, „deren Gemütsverfassung einfach nicht normal" sei. Mir wurde berichtet, dass ihre Hauptbeschäftigung vor allem darin bestehe, zum Friedhof zu gehen und das Grab ihres totgeborenen Kindes zu besuchen. Als ich mich erkundigte, wie lange dies schon andauere, war die Antwort: „Seit Weihnachten." Es war März. Wiederum lag das wirkliche Problem bei den Helfern und ihren Vorstellungen von dem, was „normal" sei. Es war nicht nur ungerecht, sondern zeugte auch von Gefühllosigkeit und Unverständnis gegenüber der Mutter, dass ihr nur drei Monate für die Bewältigung ihres Schmerzes zugestanden wurden. Ich hatte den Verdacht, dass diese Mutter nicht nur auf den Friedhof ging, um ihrem Kind „nahe" zu sein, sondern auch, weil sie den unsinnigen Bemerkungen der Menschen entgehen wollte, die nicht die leiseste Ahnung von ihren wirklichen Bedürfnissen hatten. Ich bestreite, dass ihr geholfen wurde, indem man sie als eine

Frau bezeichnete, die „nicht zurechtkommt". Und ich bezweifle auch, dass sie mit irgend einem Menschen über ihre Gefühle sprechen würde, der ihrer Meinung nach keine Ahnung von dem hatte, was sie durchmachte.

Um die tieferen Schichten der Trauer zu verstehen, genügt vielleicht ein Diplom nicht. Was einen guten Psychologen oder Berater und auch einen guten Helfer ausmacht, sind in erster Linie Aufrichtigkeit und Respekt gegenüber dem Klienten. Doch ein Berater, der nur ein Lehrbuchwissen besitzt, hat nur ein beschränktes Verständnis für die grundlegenden Tatsachen, die bei jedem Verlust anders sind. Das gilt selbst dann, wenn er zuhören kann ohne zu urteilen, mit Empathie antwortet, einen gesunden Menschenverstand besitzt und Probleme kreativ zu lösen vermag. Es ist deshalb wichtig, mehr über den professionellen Helfer herauszufinden. Neben seiner Ausbildung und seinen Qualifikationen ist auch seine Erfahrung in der Beratung von Trauernden wichtig.

Aus dem Bedürfnis der Menschen, ähnliche und meist schwierige Lebenserfahrungen auszutauschen, haben sich in den letzten Jahren Selbsthilfegruppen gebildet. Nehmen wir als Beispiel eine Trauerhilfegruppe. Der größte Nutzen für ihre Mitglieder besteht darin, dass sie ihre Gefühle den anderen nicht zu erklären oder zu rechtfertigen brauchen – sie werden sofort verstanden. Menschen, die Treffen derartiger Gruppen besuchen, sind oft erleichtert, dass sie dort so viele andere Menschen mit ähnlichen Ängsten, Hirngespinsten oder Gefühlen vorfinden. Eine Art geistige Verwandtschaft entwickelt sich sehr leicht zwischen Menschen, die begreifen, dass sie „nicht allein" sind und auch nicht „verrückt werden". Ein Mensch, dessen Trauer noch frisch ist, kann Mut und Hoffnung gewinnen, wenn er andere Menschen sieht, die ähnliche Verluste erlitten und schon ein oder zwei Jahre überlebt haben.

Ich erinnere mich noch gut an den ersten Abend bei der Selbsthilfegruppe. Ich kam ganz allein an und zögerte in der Tür. Der Leiter kam auf mich zu, legte seine Hand auf meine Schulter und bat mich herein. Nur wenige meiner Freunde wollten mir so nahe kommen – als ob sie Angst hätten, dass der Tod ansteckend wäre. Auf den Treffen hörte ich, wie andere mit Situationen fertig wurden, denen auch ich gegenüber stand. Vielleicht war ich am Ende doch nicht so merkwürdig. Wie verschieden waren unsere Geschichten, und als wie ähnlich erwiesen sich unsere Ängste und Gefühle. Oft schmerzte die Wunde nach den Treffen einige Tage lang, aber es lohnte sich wegen der wenigen Stunden jeden Monat, in denen ich mich so vollständig verstanden fühlte.

Auch Selbsthilfegruppen haben, wie jede professionelle Hilfe, einen unterschiedlichen Wirkungsgrad. Eine Selbsthilfegruppe kann ihren Mitgliedern dann die beste Hilfe anbieten, wenn sie von Menschen geleitet wird, die in Trauerbegleitung, in psychologischer Beratung und in der Leitung kleiner Gruppen ausgebildet sind. Es ist unbedingt notwendig, dass die Leiter die Kunst beherrschen, mit unterschiedlichen Menschen umzugehen und Diskussionen so zu leiten, dass sie in positivem Sinne geführt werden und auf Selbsterkenntnis ausgerichtet sind. Wenn ein Leiter zulässt, dass während eines Gruppentreffens nur über all die gedankenlosen Menschen „da draußen" geschimpft wird, dann werden sich die Gruppenmitglieder Woche für Woche im Kreise drehen. Der Sinn einer Selbsthilfegruppe sollte nicht darin bestehen, dass eine Gruppe „verwaister Eltern" oder „trauernder Witwen" geschaffen wird, die sich als isoliert von der nicht trauernden Bevölkerung auffasst. Sicherlich hat das Erleben des Verlustes diese Menschen vor Probleme gestellt, von denen andere Menschen nichts wissen. Doch durch das Verarbeiten ihrer Trauer sollten sie Möglichkeiten finden, wieder ein Bestandteil der „normalen" Welt zu werden, in der sie früher lebten. Sie sollten sich keinesfalls noch mehr isolieren.

Wenn Ihr Freund erwägt, eine Selbsthilfegruppe zu besuchen, so empfiehlt es sich, zuvor ihre Ziele zu überprüfen und herauszufinden, wie die Leiter ausgewählt und ausgebildet wurden. Es ist auch wichtig zu wissen, welche Verbindung sie zu professionellen Beratern und anderen sozial engagierten Menschen in Ihrer Gemeinde haben.

Manchmal wird professionelle Hilfe notwendig, weil ein Trauernder davon spricht, sich das Leben zu nehmen. Es ist durchaus nicht ungewöhnlich, dass ein trauernder Mensch den Wunsch hat, tot zu sein. Das kann sich in Äußerungen zeigen wie:

Ich kann ohne ihn nicht leben.
Ich habe nichts mehr, wofür ich leben möchte.
Mein Leben wird nie wieder so sein wie früher. Ich möchte auch sterben.

Über die Jahre habe ich solche oder ähnliche Äußerungen von fast allen trauernden Menschen gehört, mit denen ich sprach. Sie beschreiben ihre Trauer auch mit dem Wunsch „nur noch einmal ihre Stimme zu hören" oder „ihn nur noch einmal halten zu können". Obwohl sie oft als Todeswunsch ausgedrückt wird, achte ich auf die Botschaft hinter den Worten, und diese Botschaft heißt meistens, dass die Trauernden mit dem verstorbenen Menschen *zusammen sein* möchten wie früher. Die Botschaft heißt nicht, dass sie tot sein möchten, sondern sie möchten gern zusammen mit den Toten *lebendig* sein und das Leben wie früher genießen.

Der Helfer gerät jedoch in einen Zwiespalt, weil er nicht weiß, ob die Worte *Ich wäre lieber tot* wirklich bedeuten *Ich werde mich umbringen* oder ob sie vielleicht bedeuten

Ich habe die ganze Trauer gründlich satt, ich möchte, dass jetzt Schluss ist.

In dieser Situation sollten Sie auf zusätzliche Hinweise achten. Nach Margaret Appleby[9], Autorin zahlreicher Veröffentlichungen zum Thema Suizid, spielen Menschen, die sich tatsächlich das Leben nehmen, häufig auf ihre Absichten an. Sie machen Bemerkungen wie:

Ihr braucht euch bald nicht mehr mit mir abzugeben.
Es wird euch ohne mich besser gehen.
Wenn ich weg bin, werde ich euch nicht mehr stören.

Sie geben eventuell auch ihren Besitz weg und bringen ihre Angelegenheiten in Ordnung.

Sie verabschieden sich unter Umständen von ihren Freunden und Bekannten.

Sie beginnen sich von ihrem Freundeskreis zurückzuziehen.

Sie deuten möglicherweise an, wie sie ihr Leben beenden wollen:

Ich nehme Papas Gewehr und . . .
oder
Ich habe so viele Tabletten, dass es bestimmt klappt.

Eventuell zeigen solche Menschen auch Anzeichen von Depression:
- Verlust des Interesses an den üblichen Tätigkeiten
- Traurigkeit, Hoffnungslosigkeit, Reizbarkeit
- Veränderungen im Appetit oder Gewicht
- Veränderungen im Schlafrhythmus (länger oder kürzer schlafen, unterbrochener Schlaf)
- Verlust der Energie; Müdigkeit oder Überaktivität
- Negative Bemerkungen über sich selbst; geringe Selbstachtung

- Konzentrationsschwierigkeiten; Ruhelosigkeit
- Wiederholtes Auftreten von Selbstmordgedanken oder Todesvorstellungen.

Es ist beachtenswert, dass sogar depressive Menschen sich selten wegen einer *einzigen* Krise das Leben nehmen. Meist ist der Auslöser eine Überbelastung durch schwierige Situationen, gepaart mit dem Gefühl, den Umständen nicht mehr gewachsen zu sein. Wenn Sie wissen möchten, ob Ihre Freundin ernsthaft an Suizid denkt, so finden Sie dies nur heraus, wenn Sie sie fragen. Das bedeutet, dass Sie etwa direkt fragen müssen:

Hast du sehr stark das Gefühl, dass du bei ihm sein möchtest?
Bist du so einsam, dass du daran denken könntest, dir das Leben zu nehmen?

Vorsichtiges Fragen bringt einen anderen Menschen nicht auf die Idee, Suizid zu begehen. Tatsächlich zeigt es, wie sorgfältig Sie zugehört haben und wie genau Sie die Situation erfassen. Ihr Freund kann offen über all dies mit Ihnen sprechen und weiß auch, dass er mit allem, ganz gleich wie schlecht er sich fühlt, zu Ihnen kommen kann. Sie haben ihn wissen lassen, dass er seine Trauer nicht allein tragen muss. Und das ist ein gutes Gefühl für jemanden, der gedacht hat, niemand habe Zeit für ihn und seine Probleme. Natürlich können Sie nicht jeden einzelnen Schritt Ihres Freundes überwachen, aber vielleicht können Sie ihm anbieten, mehr Zeit miteinander zu verbringen – das kann helfen, die leeren Stunden auszufüllen. Sehen Sie sich zusammen Fotos an und kleben Sie sie in ein Album, oder kaufen Sie Ihrem Freund ein Tagebuch und schlagen Sie ihm vor, über seine Gefühle zu schreiben. Dabei spielt es keine Rolle, wenn die Gefühle nicht geordnet sind – sie sollen nur herauskommen. Sie könnten Ihrem Freund auch die Telefonnummer eines Beratungsdienstes geben, der rund um die Uhr erreichbar ist – für den Fall, dass Sie nicht erreichbar sind, wenn sie oder er wirklich einen Menschen braucht.

Wenn trauernde Menschen an einem wirklichen Tiefpunkt angekommen sind, gehört zu den wichtigsten Dingen, die Sie tun können, dass Sie auf ihre Gefühle eingehen. Unglücklicherweise habe ich die Familie und die Freunde der Trauernden bei solchen Gelegenheiten oft so aufgebracht gesehen, dass sie genau das Gegenteil tun. Sie versuchen, den trauernden Menschen durch Schimpfen aus seinen Gefühlen herauszureißen:

Es wird Zeit, dass du aufhörst, in der Vergangenheit zu leben, und dich nun endlich zusammenreißt.
Genug ist genug. Du tust dir ja nur selbst leid.
Was für ein Blödsinn! Du hast noch viele Lebensjahre vor dir!

Oder sie versuchen, dem trauernden Menschen ein Gefühl von Schuld und Egoismus einzureden, wenn er sagt, dass er keinen Sinn mehr in seinem Leben sieht:

Denk an uns andere, nicht nur an dich selbst.
Weißt du, du bist nicht der einzige, dem es weh tut.
Welch eine Verantwortungslosigkeit!

Es kann leicht passieren, dass sich der trauernde Mensch durch solche Äußerungen in dem Gefühl bestätigt sieht, er sei allein, missverstanden und von Menschen umgeben, denen sein Schicksal gleichgültig sei. So können die „hilfreichen" Absichten in die falsche Richtung zielen und möglicherweise noch mehr Kummer nach sich ziehen. Scheuen Sie sich nicht, Ihrem Freund zu sagen, dass Sie sich Sorgen um ihn machen und dass Sie jemanden finden möchten, der mehr Erfahrung besitzt und ihm helfen kann. Sie könnten das folgendermaßen ausdrücken:

Es macht mir richtig Angst, wenn du dich so schlecht fühlst. Ich möchte gern jemanden finden, der dir helfen kann.
Ich habe Angst, weil ich nicht weiß, wie ich dir helfen kann. Ich möchte gern mit jemandem sprechen, der sich mit diesen Dingen auskennt.

Daraufhin könnten Sie versuchen, jemanden zu finden, der in ihrer Umgebung wohnt und der Ihrer Meinung nach Ihrem Freund weiterhelfen könnte. Schlagen Sie Ihrem Freund doch vor, dass Sie ihn gern begleiten oder im Auto warten würden. Vielleicht wäre Ihnen beiden geholfen, wenn Sie Ihre Ängste besprechen und Möglichkeiten zu Ihrer Überwindung finden würden.

Lassen Sie uns das alles nochmals am Beispiel einer wirklich existierenden Familie durchdenken.

Der erste Telefonkontakt verlief etwa so:

Unser Sohn ist vor einigen Monaten gestorben, und der Bestattungsunternehmer sagte, wir könnten Sie anrufen, wenn wir Probleme hätten. Also, meine Frau wird überhaupt nicht damit fertig und sagt ständig, sie wäre lieber tot. Wir machen uns wirklich Sorgen um sie. Können Sie zu uns kommen und mit ihr sprechen?

Als ich bei der Familie ankam, wurde ich in die Küche geführt. Trauer lag in der Luft. Ich fragte nicht: „Wie geht es Ihnen?" Ich konnte sehen, wie es ihnen ging. Die Familie wurde mir vorgestellt – Mutter, Vater und zwei Töchter. Ihr einziger Sohn und Bruder war bei einem Betriebsunfall ums Leben gekommen – die Tätigkeit hatte er nur eine Woche lang ausgeführt.

Ich wollte mir gern ein vollständiges Bild von dem Verlust dieser Menschen machen und richtete deshalb meine erste Frage an die ganze Familie: „Können Sie mir sagen, was an dem Tag geschah, als er starb?" Ihre Bestandsaufnahme begann, und sie fügten seine letzten Stunden ein. Er untersuchte ein Gerät. Es gab eine Explosion. Er wurde schwer verletzt. Eine rasende Fahrt ins Krankenhaus. Ein Anruf: „Ihr Sohn ist verletzt. Kommen Sie sofort." Das Sitzen an seinem Bett. Die Verletzungen waren zu schwer, er starb, während der Rest der Welt den Valentinstag feierte.

Ihr Bericht dauerte mindestens eine Stunde. Ich spürte, dass zwischen Mutter und Sohn ein sehr starkes Band bestanden hatte. Er war das älteste Kind gewesen. Er war das Baby, das nach einem totgeborenen Sohn auf die Welt gekommen war. Er war in der Schule und in seinem Beruf das erfolgreichste der drei Kinder gewesen. Er war ein guter Sportler gewesen. Er hatte viele Freunde gehabt. Er hatte sein Zimmer in Ordnung gehalten, hatte nicht geflucht, nicht geraucht und nicht zu viel getrunken. Er war seinen Schwestern ein liebevoller großer Bruder gewesen. Er hatte dem Vater bei der Arbeit geholfen. In der Tat, er entsprach dem Bild eines vollkommenen Sohnes.

Nun war diese Vollkommenheit aus ihrem Leben herausgerissen, und die Mutter glaubte, sie sei ihres Lebenszweckes beraubt. Sie wusste, dass sie niemals einen anderen so vollkommenen Menschen finden würde. Ihr Mann konnte ihr den Sohn nicht ersetzen, ihre Töchter auch nicht, niemand. Sie hatte sich mit seinen Fotos umgeben – sie konnte sie von jeder Stelle im Zimmer sehen. Das war das Einzige, das ihr geblieben war. Sie wollte gern bei ihrem Jungen sein. Sie sehnte sich nach seinem Lächeln, und sie sehnte sich nach seiner Stimme. Wenn sie tot wäre, hätte diese Sehnsucht ein Ende.

Was kann man sagen, wenn man eine solche Geschichte hört? Ich konnte doch nicht sagen:

Nun, Sie haben wenigstens Ihre reizenden Mädchen.
oder
Wer wird dieses schöne Zuhause pflegen, wenn Sie nicht mehr da sind?
oder
Man sagt, Gott nimmt die Besten.

Halt! Ehe Sie weiter lesen, schreiben Sie auf (oder sagen Sie laut), was Sie gesagt haben würden:

_____

_____

_____

Als Helfer wäre es Ihre erste Aufgabe zu zeigen, dass Sie zugehört haben. Also formulieren Sie eine Antwort, die berücksichtigt, wie sehr es auf diesen Sohn ankam. Sie könnte in etwa lauten:

Ihr Sohn bedeutete Ihnen die ganze Welt. Er war ein sehr wichtiger Teil in Ihrem Leben. Ich verstehe, wie stolz Sie auf ihn waren und wie sehr Sie ihn vermissen und dass Sie es nicht ertragen können. Auch wenn alle anderen hier Sie lieben, können sie diese große Lücke nicht ausfüllen.

Weiter könnte der Familie geholfen werden, indem man darüber spricht, was Trauer ist und wie sie jeden Menschen anders beeinflusst, auch dann, wenn alle über den Verlust desselben Menschen trauern. Die Mutter empfand ihre Trauer so stark, dass es nur natürlich war, wenn sie diesem Schmerz entkommen wollte. Wer möchte denn jeden Morgen mit dem Gedanken aufwachen, dass nichts als Leere auf ihn wartet? Tot zu sein würde bedeuten, dass man wenigstens nicht mehr von seinen Gefühlen und Erinnerungen verfolgt wurde. Eine derartige Erklärung sagt nicht: „Bring dich doch um", sondern macht allen klar, dass die Mutter schwer an ihrer Trauer trägt, dass die Last sie niederdrückt und an ihrem Lebenswillen rüttelt. Ich nehme an, wenn ich die Familie gebeten hätte, eine Liste zusammenzustellen von dem, was sie am meisten vermissten, was in ihrer Beziehung zu dem Verstorbenen am wichtigsten war und was am meisten schmerzte, dann wäre jede Liste anders ausgefallen. Die Trauer der Mutter war der Trauer der anderen Familienmitglieder zwar ähnlich, aber doch ganz anders. Deshalb drückte die Mutter ihren Schmerz auf andere Art aus, und deshalb fanden es die anderen schwierig, sie zu verstehen.

Für Sie als Helfer ist es wichtig, dem trauernden Menschen zu vermitteln, dass Sie tatsächlich verstehen. Im Falle der beschriebenen Familie würden Sie das nicht erreichen, wenn Sie der Mutter etwa sagten: „Hören Sie auf, darüber nachzugrübeln. Seien Sie nicht so selbstsüchtig und denken Sie an Ihre Familie. Ihr Sohn würde es nicht wollen, dass Sie so weitermachen." Sie hatte alle diese Redensarten schon oft gehört und fühlte sich dadurch um keinen Deut besser. Die Wirkung war eher so, dass sie wütend auf die Menschen war, die einfach nicht ermessen konnten, wie groß ihr Verlust war. Sie hatten nicht an ihrer Stelle gestanden und erlebt, wie eng die Bindungen zwischen Mutter und Sohn waren. Sie hatten zwar ihre Worte gehört, aber nicht die Gefühle verstanden, die dahinter standen. Wenn Sie auf diese dahinterstehenden Gefühle eingehen, können Sie das Fundament für weitere Gespräche legen, die so wesentlich dafür sind, dass der Trauernde seine intensiven Gefühle herauslassen kann.

Wenn sich also ein trauernder Mensch, den Sie kennen, schuldig fühlt, so lassen Sie ihn von seinen Gefühlen sprechen. Wenn eine besondere Feindseligkeit besteht, lassen Sie ihn seine Wut und Frustration ausdrücken. Wenn er von dem unerträglichen Alleinsein spricht, lassen Sie sich von ihm erzählen, was er am meisten vermisst. Es wird diese Gefühle nicht verschlimmern, wenn sie dem Trauernden zugestanden werden – sondern dadurch kommen diese Gemütsbewegungen nach außen und können sich auflösen. Wenn das geschieht, lernen die trauernden Menschen, dass sie nicht aufzugeben brauchen, auch wenn sie sich im Augenblick in einem tiefen „Loch" befinden. Ihre Aufgabe besteht darin, ruhig zu bleiben und für eine Atmosphäre zu sorgen, in der es dem trauernden Menschen erlaubt ist, seine Geschichte so zu erzählen, wie sie wirklich ist.

Kapitel 8: Das Wichtigste auf einen Blick

- Ein Psychologe oder professioneller Berater hat besondere Fachkenntnisse, um Menschen bei einem Problem zu helfen, besonders wenn diese selbst keine Ideen oder keinen Antrieb mehr haben oder das Gefühl haben, dass sie allein nichts bewirken können.
- Das Bedürfnis nach professioneller Hilfe ist kein Zeichen der Schwäche oder des „Verrücktseins". Sondern es zeigt ein gutes Urteilsvermögen des Helfers oder des Trauernden, wenn sie erkennen, dass das Problem ihnen über den Kopf zu wachsen droht.
- Lassen Sie niemanden unbeachtet, der davon spricht, er wolle sein Leben beenden. Wenn ein Mensch Ihnen dies erzählt, bittet er um Hilfe. Sprechen Sie offen darüber. Kundschaften Sie aus, was er denkt und wie er möglicherweise handeln wird. Machen Sie kein Geheimnis daraus – sagen Sie ihm, dass Sie professionelle Hilfe hinzuziehen möchten.
- Selbsthilfegruppen bieten dem Trauernden ein Verständnis, wie es bei anderen Menschen oft nicht anzutreffen ist. Erfolgreiche Selbsthilfegruppen werden von

Menschen geleitet, die etwas von Trauer verstehen, die speziell auf dem Gebiet des Gedankenaustauschs mit einzelnen Menschen und in Gruppen ausgebildet sind und die mit anderen Menschen aus den helfenden Berufen zusammenarbeiten. Das Ziel der Gruppe sollte es sein, den Menschen durch ihre Trauer hindurch zu helfen und sie nicht unbegrenzt darin festzuhalten.

- Starke Gefühle wie Schuld, Wut oder Depression werden nicht aufgelöst durch Entgegnungen wie „Komm da raus", „Werde nicht wütend" oder „Fühl dich nicht schuldig". Der Trauernde sieht in ihnen vielleicht nur Anzeichen von Zurückweisung und Isolierung. Wenn Sie helfen wollen, müssen Sie ruhig bleiben, in der Nähe Ihres Freundes sein und ihn ausreden lassen.

9. Kapitel
Wie lange dauert die Trauer?

Ich erwähnte bereits, dass es falsche Vorstellungen von der Dauer des Trauerns gibt. Manche Menschen glauben, dass das Schlimmste nach der Beerdigung vorüber sei, aber viele Menschen sind zu diesem Zeitpunkt noch ganz benommen von dem Schock, und die richtige Trauer tritt erst später ein. Es gibt aber auch Menschen, die sagen: „Gib der Trauer ein Jahr, und dann wirst du darüber hinweg sein." Ich habe allerdings von vielen trauernden Menschen gehört, dass das zweite Jahr noch schlimmer als das erste war.

Andererseits wird auch gesagt, die Zeit heile alle Wunden, doch habe ich das kaum bestätigt gefunden. Ich habe jedoch gesehen, dass mit der Zeit die meisten trauernden Menschen lernen, sich auf die Veränderungen in ihrem Leben einzustellen, wobei sich manche Menschen besser und schneller darauf einstellen als andere. Doch nicht die *Zeit* bewirkte die Anpassung, sondern *sie selbst* bewirkten sie. Ich habe aber auch Menschen getroffen, die sich nie ganz auf den Verlust einstellen konnten. Zwar sieht es von ferne so aus, als hätten sie die Trauer bewältigt – sie sind an den Arbeitsplatz zurückgekehrt, sie haben wieder geheiratet, sie haben eine neue Familie oder bauen ein neues Haus oder gehen wie immer ihren Geschäften nach, aber ihr Schmerz ist einfach begraben, nicht verheilt. Ich mag das Wort „verheilt" eigentlich nicht. Es legt nahe, dass der Schmerz weggeschafft oder herausgeschnitten oder zusammengenäht wurde, damit er keinen Ärger mehr verursachen kann. Wie eine Wunde, die verheilt ist.

Ich beobachte, dass viele Menschen, die getrauert haben, Möglichkeiten gefunden haben, ihrem Leben wieder einen Sinn zu geben und zwar obwohl sie wissen, dass sie niemals vergessen werden – das ist die Narbe, die beweist, dass es auch eine Wunde gab. Manchmal mag die Erinnerung sie traurig stimmen, manchmal froh. Aber sie werden sich immer erinnern. Was sie verrückt macht, ist, wenn ihnen gesagt wird, sie sollten vergessen. Ich habe noch nie einen trauernden Menschen getroffen, der den verstorbenen Menschen vergessen wollte. Er möchte vielleicht die Todesumstände wie den Schauplatz des Unfalls oder den von Schmerzen gequälten Körper vergessen, aber nicht den Menschen selbst, der gestorben ist. Deshalb besteht für Freunde nicht die Notwendigkeit, Trauernden absichtlich zu „helfen" zu vergessen, indem sie unmittelbar nach dem Tod alle Besitztümer des Verstorbenen beiseite räumen oder die Fotografien weglegen oder seinen Namen nicht mehr nennen. Denken Sie daran: Wenn ein Mensch sich durch die Trauer hindurcharbeitet, bedeutet das für ihn oder sie nicht zu vergessen, sondern es bedeutet, dass er oder sie Wege findet, wie er oder sie in der Zukunft mit den Erinnerungen leben kann, mit der Wahrheit und mit dem Auf und Ab eines jeden Tages.

Die Zeit heilt nicht, man geht einfach jeden Tag weiter, weil von einem erwartet wird, dass man weiter lebt.

Wir bekamen unseren nächsten Sohn ein Jahr später, und ich würde sagen, die Risse in unserem Leben wurden dadurch überklebt. Dass mir jetzt, während ich diesen Brief schreibe, 14 Jahre später, die Tränen kommen, lässt vermuten, dass die Trauer tief in mir noch immer vorhanden ist.

Ich sehe einen großen Unterschied zwischen der frischen Trauer und der Trauer, die durch die Zeit beeinflusst worden ist. Wenn die Trauer frisch ist, steht sie fast allem im Weg, was der Trauernde denkt und tut. Er wacht auf, und sie ist da. Er geht schlafen, und sie ist noch immer da. Es ist, als lenke allein die Trauer sein Leben. Doch indem sich die Trauernden mit ihren Gefühlen auseinander setzen, gewinnen sie langsam wieder die Oberhand und können sich entscheiden, ob sie auch die tieferen Schichten ihrer Trauer erforschen möchten. Ich habe die Vermutung, dass dieses Erforschen eher ein langsamer, sehnsüchtiger Prozess ist als eine heftige Auseinandersetzung mit sich selbst, bei der man von Erinnerungen überfallen und von Gefühlen gefangen gehalten wird.

Wenn aber von den Trauernden erwartet wird, so zu tun, als sei ihr Verlust gar nicht so schwerwiegend, dann haben sie keine Hoffnung, dass ihre Trauer erkannt und für gültig erklärt wird. Beides muss jedoch geschehen, wenn die Trauer überwunden werden soll. Im Folgenden wird an einem Beispiel gezeigt, wie eine Familie mit ihrer Trauer umzugehen versuchte, als klar wurde, dass sie auch elf Jahre nach dem Tod des Sohnes noch nicht abgeschlossen war. Den folgenden Brief schickten sie an ihre Verwandten und Freunde:

Als Robert, unser erstes Kind, bald nach seiner zu frühen Geburt im Jahr 1976 starb, waren wir entsetzt.

Wir waren so wenig darauf vorbereitet, dass wir kaum begreifen konnten, was geschehen war.

Die Geburt der drei anderen Jungen machte uns erst klar, was wir verloren hatten, und dann brachte uns der Tod von Christopher im Jahr 1985 zum Nachdenken darüber, wie wir mit Roberts Tod und Beerdigung umgegangen waren.

Heute wünschten wir, wir hätten damals einen Gottesdienst abgehalten, und deshalb werden wir am Sonntag, dem 25. Januar um 14.00 Uhr, an seinem elften Todestag, einen Gedenkgottesdienst für Robert abhalten.

Die versteckte Trauer der Familie kam ans Tageslicht, als ein weiterer Todesfall eintrat. Nach langer Unentschlossenheit entschieden sie sich, ihre Gefühle allgemein bekannt zu machen – ein großes Risiko in unserer Gesellschaft, in der wir die Menschen eher drängen zu vergessen als sich zu erinnern. Die Familie hatte mich gefragt, ob ich bei diesem Gedenkgottesdienst sprechen wollte und ich erklärte mit folgenden Worten, warum es nötig war, endlich alles in Ordnung zu bringen:

Manche mögen sich fragen, warum dieser Gedenkgottesdienst so viele Jahre nach Roberts Tod abgehalten wird. Doch für mich ist die Antwort klar. Es ist für Anne und Michael der Höhepunkt einer elf Jahre langen Reise – einer Reise, die mit Entsetzen und Unglauben begann und die durch das Verhalten der Gesellschaft erschwert wurde, die sagte: „Trauert nicht, zieht euch nicht zurück, ihr könnt noch ein Kind haben, ihr werdet darüber hinwegkommen." Diese Anforderungen wurden noch verstärkt von professionellen Hilfsdiensten, die ebenfalls den Ablauf der Trauer und, was noch wichtiger ist, das Band zwischen der Mutter und ihrem neugeborenen Baby nicht verstanden. Die Beziehung zwischen Mutter und Kleinkind ist sehr eng; es bildet sich eine bleibende Verbindung, die in gleicher Stärke über viele Jahre fortdauert.

Dann wurde mit der unerwarteten Totgeburt ihres fünften Sohnes Christopher die Trauerarbeit für Robert, die seinerzeit kaum richtig in Gang gekommen war, wieder aktiviert, und die Familie stellte sich ihr schließlich. Viele Fragen mussten noch beantwortet, viele Papiere durchgesehen, Abläufe in Frage gestellt und Lücken gefüllt werden. Doch am wichtigsten war die Einsicht, dass es hier um ein Leben, um einen kleinen Menschen ging.

Ich halte es für wichtig zu betonen, dass Anne und Michael nicht die Einzigen sind, die solche Erfahrungen

gemacht haben. Als Mitarbeiterin eines Bestattungsunter-
nehmens habe ich bei vielen Gelegenheiten Eltern gegen-
übergestanden, die sich in einer ähnlichen Lage befanden
und einen Beweis für ein Kind suchten, das lange tot und
niemals anerkannt worden war. Diese Eltern wussten, dass
sie das Recht zum Trauern hatten, aber sie warteten noch
darauf, dass auch die Menschen um sie herum es zuließen.

Ein weiteres Problem für den Trauernden können auch Erinnerungen sein, die unerwartet über ihn hereinbrechen. Auch dann, wenn er schon glaubte, die Dinge im Griff zu haben, können sie ihn aus dem Gleichgewicht bringen. Auf einem Workshop, den ich leitete, hatte eine redegewandte Frau im Verlauf einer allgemeinen Diskussion den zwei Jahre zurückliegenden Tod ihres Mannes erwähnt. Das Thema Beerdigungen kam auf, und ich wurde gefragt, was für mich eine „angemessene" Beerdigung sei. In meiner Antwort erwähnte ich unter anderem den musikalischen Teil und erläuterte, dass jede Musik geeignet sei, wenn sie in einer Beziehung zum Leben des Verstorbenen und zu den Menschen stehe, die der Beerdigung beiwohnten. Die Frau, die vorher so ruhig über ihren Mann gesprochen hatte, stand plötzlich auf und floh aus dem Zimmer. Gegen Ende der Sitzung kam sie zurück und beteiligte sich wieder an dem Geschehen. Vor dem Nachhausegehen gab sie uns eine Erklärung: „Sie werden sich fragen, was los war. Es war das Gespräch über Musik. Ich kann noch immer nicht die Musik hören, die auf seiner Beerdigung gespielt wurde, es war sein Lieblingslied."

Es kann ein besonderes Lied sein, aber es könnte auch irgendetwas anderes sein, das Sie an den verlorenen Menschen erinnert:

Als mein Baby gestorben war, hasste ich den Teil des
Supermarktes, in dem sich die Sachen für Babys befanden.

Die vielen Dosen mit Babynahrung und Puder und ande-
ren Dingen erinnerten mich daran, dass mein Sohn nicht
mehr da war. Ich hasste es, wenn ich mitten beim Einkau-
fen daran erinnert wurde.

Manchmal, wenn ich in der Stadt bin und meine Freun-
dinnen mit ihren Müttern herum laufen sehe, denke ich:
„Was ist mit mir? Warum habe ich keine Mutter?"

Das Tischdecken ist für mich eine der schwersten Tätig-
keiten. Es scheint nicht viel zu sein, doch wenn man all
diese Jahre immer für fünf Menschen gedeckt hat und jetzt
sind es nur noch vier, berührt es einen doch sehr.

Sie war schon vor fünf Jahren gestorben, aber an dem Tag,
an dem ich all diese kleinen Kinder an ihrem ersten Schul-
tag in einer Reihe aufgestellt sah und mein Kind nicht
dabei war, fühlte ich mich den ganzen Tag über elend.
Es war einfach nicht gerecht, sie hätte auch dabei sein
müssen.

Das folgende Gedicht einer Witwe zeigt, wie sie durch den
Wegfall der einfachen täglichen Unterhaltung Tag für Tag
daran erinnert wird, dass ihr Mann „nicht da" ist:

Du kennst die kleinen Dinge, die sich ereignen,
Die Dinge, über die du immer so gerne sprichst.
Ich fange an, dir von ihnen erzählen,
und vergesse dabei, dass du nicht da bist.

Ich glaube, ich muss dir erzählen, was ich gehört habe,
Ein bisschen Klatsch oder ein kleines Wort.
Manchmal habe ich etwas, das muss ich erzählen,
und vergesse dabei, dass du nicht da bist.

Ich habe jemanden gesehen oder beim Einkaufen getroffen,
Ich denke, das muss ich dir erzählen, doch hier endet der
Gedanke.
Nie, nie mehr kann ich dir etwas erzählen.
Ich muss versuchen, daran zu denken,
Dass du nicht mehr da bist.

Maureen McCormack

Dann gibt auch jene Tage, die sich jedes Jahr wiederholen
und Erinnerungen, Gedenken und sehr oft stille, schlaflose
Nächte mit sich bringen:

In den ersten Jahren zählte ich die Tage auf dem Kalender.
Er sagte mir, wie lange wir schon ohne sie lebten. Der erste
Todestag war schrecklich, aber der zweite und der dritte
waren auch nicht viel besser. Als der eigentliche Tag kam,
war er nicht so schlimm wie die letzten Tage meines pri-
vaten „Count-Downs" davor, aber etwa jede Stunde rech-
nete ich: um diese Zeit im letzten Jahr waren wir noch zu-
sammen. Dann schaute ich eine Stunde später auf die Uhr
und dachte, um diese Zeit im letzten Jahr habe ich dich ge-
rade zum Mittagsschlaf hingelegt. Dann kam die Zeit, vor
der ich mich fürchtete – der Augenblick im letzten Jahr, als
du nicht mehr da warst.

Am Jahrestag von Waynes Unfall gehe ich nicht zur
Arbeit. Ich gehe jedes Jahr zu ihm, spreche mit ihm und
spüre die tiefe Liebe, die ich für ihn habe. Ich ziehe am
14. Februar auch immer dasselbe Kleid an – das Kleid, das
ich anhatte, als ich ihn im Krankenhaus sah.

Ich habe mich oft verwundert gefragt, warum akzeptiert
wird, dass an Kriegstote oder Opfer von Naturkatastrophen,
von terroristischen Anschlägen oder von Unfällen großen
Ausmaßes öffentlich gedacht wird. Seit Elvis Presleys Tod

oder dem Schuss auf John Lennon oder Präsident John F. Kennedy ist kein Jahr vergangen, ohne dass die Medien uns an diese Ereignisse erinnert hätten. Jedes Land gedenkt an einigen Tagen im Jahr bestimmter tragischer Ereignisse.

Aber wenn sich Menschen Jahr für Jahr an ihr totgeborenes Baby erinnern, so gilt das in unserer Gesellschaft als sehr merkwürdig. Sollten sie nicht versuchen zu vergessen? Wenn sie über eine Ehefrau oder einen Elternteil sprechen, die gestorben sind, stoßen sie unter Umständen auf ein eigenartiges Schweigen. Sollten sie das nicht hinter sich lassen? Geburtstage, der Hochzeitstag, Festtage wie Weihnachten, Ostern, Muttertag und Vatertag, der Todestag und so weiter sind bedeutungsvolle Tage für die meisten trauernden Menschen. Wenn wir zulassen, dass ein trauernder Freund sich an diesen Tagen an den Verstorbenen erinnert, leisten wir ihm damit einen großen Dienst. Wir stehen an seiner Seite, indem wir sagen: „Dieser Mensch war wichtig" oder „Dieser Mensch bedeutete dir sehr viel". Wenn wir es ganz normal finden, dass Menschen sich an eine Tragödie erinnern, die sich in irgendeinem anderen Teil der Welt abspielte und in die Menschen verwickelt waren, die sie nicht einmal kannten, warum ist es dann so merkwürdig, dass sich ein Freund an sein Kind, seinen Partner, seine Eltern und andere ihm liebe Menschen erinnern möchte? Ich vermute, Außenstehende glauben, dass sich der Trauernde an den Tod erinnert, sogar darüber nachgrübelt. Natürlich kann er nicht vergessen, dass der betreffende Mensch gestorben ist, aber ich glaube, dass er sich in Wirklichkeit an das erinnert, was an der Bekanntschaft mit diesem Menschen von Bedeutung war. Er erinnert sich an einen Menschen, der wichtig war. Das Erinnern an sich ist kein Zeichen für eine unaufgelöste Trauer. Für manchen Trauernden ist es gleichzeitig ein Zeichen der Verehrung und ein jährlicher Brauch.

Was können Sie als Freund tun? Sie können anrufen oder einen Brief schicken, in dem Sie sagen, dass auch Sie sich erinnern. Oder Sie können den Vorschlag, an einem bedeutungsvollen Tag etwas Besonderes zu unternehmen, gutheißen, statt ablehnend Ihre Augenbrauen hochzuziehen. Wenn ich Ostern auf den Friedhof gehe, auf dem unsere Tochter begraben ist, sehe ich auf manchen Gräbern Eier oder Osterhasen aus Schokolade, und zur Weihnachtszeit sind die Gräber mit Weihnachtsmännern, Engeln oder Glocken aus Flitter geschmückt. Ich bringe immer nur ein paar Blumen zum Grab, aber das bedeutet nicht, dass andere Eltern nicht das tun können, was sie ihrem Gefühl nach tun müssen. Wenn es überhaupt eine Regel gibt, die hier gelten kann, dann die, dass jeder das tun sollte, was er für richtig hält. Ich weiß, dass andere Familien zur Erinnerung an ein verstorbenes Familienmitglied einen Geburtstagskuchen backen und das Lied „Happy Birthday to you" singen. Solange diese Form des Sich-Erinnerns nicht die Ausübung anderer Verpflichtungen im Beruf oder zu Hause behindert, ist sie wirklich kein Grund zur Beunruhigung.

Ich besuche Johns Grab immer an seinem Geburtstag und lasse rote Rosen dort. Rosen hatten Janine und ich auch für seinen Sarg ausgesucht. Janine pflanzte zu seinem Andenken eine Rose in einen Topf und pflegt sie noch immer. Ich nehme mir regelmäßig eine Blüte, und nun habe ich für jedes Jahr seit seiner Geburt eine getrocknete Rose.

Eines Abends beim Essen schlug mein Mann vor, wir sollten unsere verstorbene Tochter Ashley in unsere traditionellen Osterfeierlichkeiten einbeziehen. Unsere beiden Söhne waren begeistert, und es öffneten sich neue Möglichkeiten, wie sie sich an ihre Schwester erinnern konnten. Ich kann mich erinnern, wie sich die Spannung löste, während wir über unsere Ideen sprachen. Am Ende hatte uns unser kurzes Gespräch eine Art Frieden gebracht, wir konnten unseren Verlust besser akzeptieren. Jenes Oster-

fest wird immer einen besonderen Platz in unseren Herzen einnehmen. Die Jungen konnten die kommenden Festtage wieder einmal genießen. Sie färbten Ostereier und verzierten liebevoll auch zwei für ihre Schwester. Wir bestellten einen wunderschönen Blumenstrauß aus weißen und rosa Blumen für ihr Grab und legten ihn dort nach dem Gottesdienst am Ostersonntag nieder. Die Jungen legten die Eier vorsichtig neben den Strauß. Wir sprachen alle ein paar besondere Worte, weinten ein bisschen, umarmten uns, machten ein paar Fotos, und, Sie mögen es nun glauben oder nicht, wir waren stolz auf uns. Wir setzten unsere Feier gemeinsam fort und sprachen zum ersten Mal nach vielen Monaten ganz offen miteinander.[10]

Wir sprechen beim Abendessen immer ein Tischgebet – ich hätte mir gewünscht, dass in unserem Dankgebet auch ihr Name vorgekommen wäre – alles wäre besser gewesen als dies unheimliche Schweigen, das am ersten Weihnachtsfest über uns hing.

Während für viele Menschen der Friedhof der zentrale Ort ist, an dem sich die Familie zur Erinnerung an die Verstorbenen trifft, besuchen andere den Friedhof nicht so häufig – und das sollte auch nicht kritisiert werden. Trauernde Familien brauchen nicht unbedingt einen Ausflug zum Friedhof zu machen um zu zeigen, dass sie sich an den Verstorbenen erinnern – es ist ihnen stets bewusst, dass ein nahestehender Mensch gestorben ist. Wenn Sie wissen, dass ein Tag näher kommt, der für einen trauernden Freund von Bedeutung ist, dann sollten Sie auch wissen, dass die Zeit vor diesem Datum oft schwerer ist als der Tag selbst. Ein Besucher, der zu einem kurzen Schwätzchen vorbei schaut oder einen Blumenstrauß oder eine Flasche Wein mitbringt, ist ein gern gesehener Gast.

Sehen Sie sich einmal die unten abgedruckte Zeitungsanzeige an, die von einem Bestattungsinstitut in den Wochen vor Weihnachten veröffentlicht wurde. Die Botschaft ist einfach: Weichen Sie den Menschen nicht aus, die an diesem Weihnachtsfest trauern. Es ist ermutigend, dass diese Bestattungsunternehmer für ihre trauernden Klienten sprechen. Die Trauernden stehen oft im Hintergrund oder sind nicht selbstbewusst genug, um den anderen Menschen klarzumachen, wie sie mit ihrem Leben zu Rande kommen. Ihre Freunde und Bekannten können nur vermuten, wie sie jetzt richtig reagieren müssten. Eine solche Anzeige gibt gewissermaßen einen Wink und motiviert vielleicht die Menschen, die sie lesen, die Anregungen in die Tat umzusetzen.

Es ist Weihnachten . . . **und ein Mensch fehlt**

Für manche Menschen ist Weihnachten keine fröhliche Zeit.

Für manche Menschen wird dieses Weihnachtsfest traurige Erinnerungen an einen Menschen wachrufen, der ihnen nahe stand und nun nicht mehr da ist.

Vielleicht bleibt ein Platz am festlich gedeckten Tisch leer.

Wenn Sie einen Menschen kennen, der an diesem Weihnachtsfest allein ist, der traurig ist . . . jemanden, dem ein lieber Mensch fehlt oder der am Weihnachtstag allein sein wird, rufen Sie ihn an, laden Sie ihn zu sich ein, zeigen Sie ihm ihre Anteilnahme . . . denn es ist Weihnachten.

- Mit der Trauer fertig werden heißt nicht vergessen – sondern Wege finden, wie man mit allen Erinnerungen leben kann. Es ist ungerecht zu sagen oder anzudeuten, es sei zwar in Ordnung, wenn man sich ein oder vielleicht zwei Jahre erinnere, doch danach sei es Zeit, alles hinter sich zu lassen.

- Wenn den Menschen, ganz gleich aus welchen Gründen, das Trauern verwehrt wird, lernen sie unter Umständen, ihre Trauer zu verbergen. Doch meist sitzt der Schmerz irgendwo unter der Oberfläche, unaufgelöst. Ein Freund, der wirklich helfen möchte, vermeidet Worte und Handlungen, die bewirken, dass die Trauer geheim gehalten wird.

- Es gibt Zeiten im Jahr, die Ihren Freund wieder daran erinnern, dass ein besonderer Mensch nicht mehr da ist. Scheuen Sie sich nicht zu zeigen, dass auch Sie daran gedacht haben.

- Unterstützen Sie Ihren Freund, wenn er sich entschlossen hat, etwas Besonderes anlässlich eines Geburtstages oder eines Jahrestages zu tun. Es ist nicht krankhaft oder Ausdruck übertriebener Nachsicht mit sich selbst, wenn Ihr Freund bestimmte Jahrestage begehen möchte.

- Manchmal werden Erinnerungen ganz unerwartet wachgerufen, und der Trauernde fühlt sich an den Anfang seiner Trauer zurückgeworfen. Lassen Sie ihn auch über dieses Problem sprechen.

- Es dauert eine Zeit, bis der Trauernde seine Verbindung mit dem Verstorbenen „loslässt". Wie bereits erwähnt, genügt bei einem schweren Verlust ein Jahr eher nicht, eine Zeitspanne von mehreren Jahren kommt wohl der Wirklichkeit näher. Individuelle Unterschiede müssen unbedingt zugestanden werden.

10. Kapitel
Was ist im Umgang mit Kindern zu beachten?

Aus den Augen, aus dem Sinn – so werden Kinder oft behandelt, wenn ein Mensch gestorben ist. Viele Erwachsene glauben, dass Kinder Schaden nehmen, wenn sie die Gespräche und Rituale miterleben, die einen Todesfall in der Familie begleiten: wenn sie mit zum Bestattungsunternehmer gehen, den Verstorbenen in seinem Sarg sehen, die Trauerfeier besuchen und an der Beerdigung teilnehmen. Um Kinder vor befürchteten Schäden zu bewahren, werden sie oft einfach ausgeschlossen, indem man ihnen sagt, sie seien zu jung, um wirklich zu verstehen, oder man versucht sie abzulenken, indem man sie einen „schönen" Tag mit Freunden verbringen lässt.

Wenn wir Kinder auf diese Weise ausschließen, können wir ihnen mehr Schaden als Gutes antun. Warum? Weil wir ihnen die Gelegenheit nehmen, einen natürlichen Bestandteil des Lebens kennen zu lernen – dass jedes Leben einmal zu Ende geht. Wir überlassen sie daneben auch vielen unbeantworteten Fragen:

Wo ist mein Papi jetzt?
Warum ist Mama traurig?
Was bedeutet das Wort Sarg?

Ältere Kinder interessieren sich vielleicht besonders für praktische Einzelheiten, zum Beispiel:

Wie sieht ein toter Körper aus?
Wie tief ist ein Grab?
Ist der Himmel ein Ort, wo man hingehen kann?

Bereits im Alter von zwei oder drei Jahren können Kinder die Auswirkung eines Todesfalles in der Familie spüren: oft gibt es Veränderungen im Ablauf des täglichen Lebens, und unbekannte Gesichter tauchen auf. Natürlich sind Kinder dieses Alters noch zu jung, um die wirkliche Bedeutung des Todes zu verstehen, aber sie sind nicht zu jung, um durch das ungewöhnliche Kommen und Gehen in ihrem Zuhause ein Gefühl der Angst und Unsicherheit zu spüren. Im Alter von vier oder fünf Jahren können Kinder nicht so leicht davon überzeugt werden, dass alles in Ordnung ist, weil sie Gespräche mithören und mit eigenen Augen sehen, dass Menschen erschöpft und bestürzt aussehen oder sich nicht in der gewohnten Weise verhalten. Erwachsene vergessen oft, dass Kinder dieser Altersstufe im Garten schon tote Vögel gesehen haben. Sie haben auch im Fernsehen beobachtet, dass Helden im Weltraum böse Wesen töten, sie haben in Märchen gehört, wie Märchengestalten sterben (aber vielleicht auch von einem schönen Prinzen gerettet werden). Sie haben schon Ausdrücke wie „todernst" und „todmüde" gehört und wahrscheinlich selbst benutzt. Der Tod eines Haustieres ist für kleine Kinder ein sehr reales Erlebnis, und viele wissen, wie eine tote Katze, ein toter Hund oder ein anderes totes Haustier aussieht.

Doch wenn ein Mensch stirbt, halten die Erwachsenen es für notwendig, die Wahrheit des Ereignisses plötzlich zu ändern und etwa zu sagen:

Großmama ist jetzt bei den Engeln.
Wir haben Opa heute verloren.
Papi ist nun für immer eingeschlafen.

Durch das Verdrehen der Tatsachen fügen wir dem Tod ungewollt eine unnötige Dimension hinzu – das Geheimnisvolle – und das verwirrt Kinder und kann sie sogar wütend machen:

Warum haben die Engel meine Großmama weggeholt? Sie sollen sie zurückbringen.
Wo ist mein Opa? Warum kann ich ihn nicht finden?
Wann wacht Papi auf? Ich möchte nicht mehr schlafen gehen.

Die folgenden ausgewählten Verse eines Gedichtes wurden von einer Erwachsenen geschrieben. Sie beschreibt ihre Sicht der Dinge zur Zeit des Todes ihres kleinen Bruders.[11]

Als ich zwei war, gingst du weg und ließt mich allein.
Ich wartete jeden Tag darauf, dass du kämst,
aber du kamst nicht, und jeder Tag war leer . . .

Nachts im Bett sprach ich mit dir,
flehte zu Gott, er möge dich zu mir zurückbringen.
Gott liebt mich, das weiß ich und wusste es damals,
aber er fand dich nicht für mich.
So weinte ich innerlich, ohne Tränen, ohne einen Laut,
bis meine Kehle schmerzte und ich nicht mehr atmen konnte,
aus Angst, meine Brust würde zerspringen.
Und ich hasste Gott, weil er zugelassen hatte, dass du mich verließest;
und liebte das Bild in der Kirche von Jesus mit den Kindern,
und ich hasste dich für dein Weggehen –
und versuchte dich so sehr zu lieben, dass du zu mir zurückkämst
aber du kamst noch immer nicht.

Und dann wusste ich eines Tages, dass du fort warst.
Sie sprachen das Wort aus, das mir sagte, dass du mich
verlassen hattest –
und mein Warten war zu Ende.
Tot.
Es klang wie ein Gong, der nicht aufhörte
zu schwingen
Dumpf und dumpf –
Tot und tot und tot . . .

. . . Ich fühlte mich wie eine alte Frau in dem Körper
einer Achtjährigen.
Sechs Jahre Wachen, einsam tief drinnen,
hatten mich für immer gealtert,
und das musste ich verbergen.
Denn Kinder sind „so glücklich"; sie sind „geschützt"
vor dem Schmerz des Lebens und der Liebe.
Dass sie „nicht verstehen", lässt alles
von ihnen abprallen, sie bleiben von Trauer unberührt.

Als ich zwei war, gingst du fort
und verließest mich.
Und meine Trauer war groß, und sie war angebracht.
Ich wäre fertig geworden mit dem Wort „tot"
im Alter von zwei oder drei oder vier,
aber „Himmel" ist ein weicherer und freundlicherer Name
für tot.
Mit acht begann mein Trauern von neuem -
diesmal um Morris, er starb mit sechs.
Ich wartete länger auf dich, als du gelebt hattest -
und fühlte mich so dumm, weil ich nicht gewusst hatte,
dass tot und Himmel dasselbe sind.

Shirley Rutherford

Die gefährliche Wirkung von Halbwahrheiten auf Kinder besteht darin, dass sie die fehlenden Einzelheiten einer unvollständigen Erklärung wahrscheinlich aus ihrer Vorstellung ergänzen – und sind Phantasiegebilde oft nicht schrecklicher oder übertriebener als die Wahrheit? Wenn die Erwachsenen Tod und Beerdigung zu einem geheimnisvollen Ereignis machen, werden die Kinder dadurch eventuell verängstigt und beunruhigt, was die Traurigkeit, die sie wahrscheinlich empfinden, nur noch verstärkt. Ich habe das in meiner eigenen Familie erlebt. Als meine Tochter im Babyalter starb, erzählten wir ihrer drei Jahre alten Schwester nicht, was geschehen war. Wir dachten, sie sei noch zu jung, um es vollständig zu verstehen, und so sagten wir am Anfang, ihre Schwester sei in der Nacht sehr krank geworden und habe ins Krankenhaus gebracht werden müssen. Wie hätte ich wissen sollen, dass sie von nun an jedes Mal, wenn wir am Krankenhaus vorüber fuhren, fragte, ob der Arzt ihre Schwester schon gesund gemacht habe. Ich hatte darauf keine Antwort, sondern änderte die Geschichte ein wenig, indem ich sagte, ihre Schwester sei eigentlich nicht mehr im Krankenhaus. Nun kam ein neues Problem auf: wie oft musste ich die Geschichte noch ändern, um die wechselnden Fragen beantworten zu können?

Nach einiger Zeit erfand sie einen Geist, der in unserem Schlafzimmerschrank lebte. Es handelte sich um einen sehr großen begehbaren Schrank, er war immer dunkel und voller Schachteln und allerlei Krimskrams. Nachts, und nur nachts, wollte sie dann nicht in die Nähe des Schlafzimmers gehen, weil „der Geist dort herauskommt, wenn es dunkel ist". Ich bin fest davon überzeugt, dass sie sich mit dem „Geist" das plötzliche geheimnisvolle Verschwinden ihrer Schwester erklärte – sie war zur Schlafenszeit noch da gewesen und am nächsten Morgen war sie verschwunden. Wir Eltern brachten eigentlich niemals Licht in diese Angelegenheit. Wir hatten das Wort „tot" nicht benutzt, als wir ihr erklärten, was ihrer Schwester zugestoßen war, und wir hatten sie auch von der Beerdigung ausgeschlossen. Meiner Meinung nach erfand sie daher selbst eine Ursache um zu erklären, warum kleine Schwestern nachts plötzlich verschwinden.

Wenn ich jemals einen Freund gebraucht hätte, so in jener Zeit. Aber nicht einen Freund, der wie ich dachte, Märchen seien die Antwort, sondern einen Freund, der etwas von der Trauer von Kindern verstand und wusste, wie Erwachsene ihren Kindern den Tod erklären sollten. Da es keinen solchen Freund gab, der mir helfen konnte, hatte ich schließlich wegen unserer Vorgehensweise ziemlich ausgeprägte Schuldgefühle. Und ich entwarf im Geist eine Liste von vielen „Wenn nur . . ."-Anklagen, die mich lange Zeit verfolgten. Sie sahen etwa so aus:

Wenn nur jemand gesagt hätte: *Ich weiß, dass du es ihr einfacher machen möchtest, aber du kannst nicht immer weiter so tun, als sei nichts geschehen. Da sie lange auf das neue Baby vorbereitet wurde, weiß sie, dass es nicht da ist, und spürt, dass etwas bei euch schief gelaufen ist.*

Wenn nur jemand gesagt hätte: *Was haltet ihr davon, dass wir uns hinsetzen und ihr gemeinsam in einfachen Worten sagen, dass ihre Schwester gestorben ist? Wir können ihr erklären, dass etwas sehr, sehr Ernstes geschah, das ihre Atmung zum Stillstand brachte und das nur kleinen Babys zustößt – auf diese Weise wird sie sich nicht ängstigen, dass ihr selbst oder euch dasselbe passieren könnte.*

Wenn nur jemand gesagt hätte: *Wenn du sie dann vor der Bestattung zu ihrer Schwester mitnimmst, wird sie sehen, wie friedlich sie aussieht und dass sie sich nicht zu fürchten braucht. Sie kann mit eigenen Augen sehen, dass ihre*

Schwester ruhig da liegt, sich nicht bewegt und nicht aufwacht. Das wird ihr helfen zu verstehen, dass tot sein etwas anderes ist als schlafen.

Wenn nur jemand gesagt hätte: *Sie kann auf der Trauerfeier mit mir zusammensitzen, wenn du möchtest. Wenn sie unruhig wird oder Fragen stellt, brauchst du dir dann keine Sorgen um sie zu machen. Du hast im Augenblick schon genug Sorgen.*

Wenn nur jemand gesagt hätte: *Nach der Trauerfeier wird sie sehen, wie der Sarg beerdigt wird, und so lernt sie, was geschieht, wenn ein Mensch stirbt.*

Wenn nur jemand gesagt hätte: *Ich weiß, dass es gute Bücher für Kinder in ihrem Alter gibt. Ich werde versuchen, einige zu besorgen, und du kannst sie ihr vorlesen, damit sie alles besser versteht. Mit Sicherheit wird sie in den nächsten Monaten noch viele Fragen haben, und das wird auch so sein, wenn sie älter ist.*

Wenn nur jemand gesagt hätte: *Ich sehe, dass du versuchst, vor ihren Augen stark zu sein, aber es würde ihr nicht schaden, wenn sie ihre Eltern weinen sähe. Dann wüsste sie, dass sie auch weinen darf.*

Wenn nur jemand gesagt hätte: *Vielleicht könntest du nach einiger Zeit gemeinsam mit ihr ein Fotoalbum mit Fotos ihrer Schwester zusammenstellen. Bei dieser Gelegenheit könnt ihr miteinander sprechen und euch die Fotos ansehen, und sie wird wissen, dass es in Ordnung ist, wenn sie sich erinnert.*

Wenn nur jemand gesagt hätte . . .

Ich weiß, ich habe wiederholt gesagt, dass die Rolle eines Freundes nicht die eines Ratgebers ist, aber ich sehe einen Unterschied zu meiner Situation damals. Wenn das Motiv eines Ratgebers darin besteht, dem Geschehenen auszuweichen – *Geh auf Urlaub. Verkaufe das Haus. Sieh zu, dass du etwas zu tun hast.* –, dann sind seine Vorschläge eine unangebrachte Einmischung. Doch wenn sie auf fundiertem Wissen basieren und zu einer besseren Entscheidung führen oder Schmerz verhindern, dann, so denke ich, sollte ein Freund das Risiko eingehen und klare Worte finden.

Ehe Sie Ihre Meinung über irgend etwas im Zusammenhang mit Tod oder Bestattung äußern, versichern Sie sich, dass alles, was Sie sagen, nach bestem Wissen auch wirklich hilfreich ist und nicht eine Wiederholung von weit verbreiteten Unwahrheiten oder Ängsten. Sie müssen selbst entscheiden, wo Sie die Linie ziehen zwischen dem Sich-Einmischen mit unerbetenen Vorschlägen und dem einer Intervention, wenn Sie Ihren trauernden Freund Dinge tun sehen, die die Situation vielleicht später noch komplizierter machen. Als Mitarbeiterin eines Bestattungsunternehmens stand ich oft vor dieser Entscheidung, und ich verhielt mich dann folgendermaßen:

1. Ich hörte mir an, warum die Familie eine bestimmte Wahl getroffen hatte.
2. Ich sagte, ich verstünde, warum sie diese Entscheidung gefällt hätten.
3. Ich bat um Erlaubnis, einige andere Aspekte der Situation darzulegen, die sie vielleicht nicht berücksichtigt hätten.
4. Ich erklärte die Tatsachen und ging den Irrtümern nach.
5. Ich versicherte der Familie, dass sie das Recht hätte, nun angesichts der umfassenderen Kenntnis der Sachlage ihre eigene Entscheidung zu treffen.

Ich möchte im Folgenden ein Gespräch wiedergeben, in dem ich mit einer frisch verwitweten Frau und ihrer verheirateten Tochter die Vorbereitungen für eine Bestattung besprach. Die beiden Enkelsöhne im Alter von acht und zehn Jahren waren nicht anwesend, aber sie hingen sehr an ihrem Großvater, der plötzlich gestorben war.

Doris: *Ich würde gern wissen, ob die Kinder mit Ihnen zur Bestattung kommen werden.*

Witwe: *Nein, bestimmt nicht. Es ist schon schwer genug für uns andere, damit fertig zu werden, ohne dass wir diese armen kleinen Jungen auch noch mit hinein ziehen.*

Tochter: *Eine meiner Freundinnen hat schon angeboten, sie an diesem Tag zu sich nach Hause zu nehmen.*

Witwe: *Dort sind sie am besten aufgehoben. Sie können dann nach Hause kommen, wenn alles vorüber ist.*

Doris: *Ich kann verstehen, warum Sie die Jungen gern vor all dem bewahren möchten, aber ich überlege mir, ob ich Sie bitten könnte, es auch einmal anders zu betrachten.*

Tochter: *Wie meinen Sie das?*

Doris: *Kinder in diesem Alter werden wahrscheinlich viel besser mit dem Tod fertig, als wir denken. Sie sind meistens auch sehr neugierig und möchten wissen, was vor sich geht. Manchmal fühlen sich Kinder ausgeschlossen, wenn wir davon ausgehen, sie könnten mit dem Geschehenen nicht umgehen. Ähnlich kann es auch mit ihren Gefühlen sein. Wenn wir so tun, als wäre mit uns alles in Ordnung, dann wissen die Kinder nicht, ob sie traurig oder vielleicht sogar wütend sein dürfen, weil ihr Großvater nicht mehr da ist.* Wenn die Jungen weggeschickt werden, könnte es für sie so aussehen, als seien sie für ihren Opa nicht wichtig genug gewesen, um sich auch von ihm zu verabschieden wie die Erwachsenen. Ich weiß, dass wir Erwachsenen unsere Kinder in Augenblicken wie diesen beschützen möchten, manchmal allerdings mit dem Ergebnis, dass sie sich überlegen, was sie mit ihren Fragen und auch mit ihren Gefühlen machen sollen.

Witwe: Ich hatte bisher über all das nicht richtig nachgedacht.

Doris: Ich möchte gern, dass Sie alles noch einmal besprechen. Sie brauchen sich nicht sofort zu entscheiden, aber Sie können jetzt wenigstens die Entscheidung unter Berücksichtigung aller Fakten treffen.

Für mich ist dies kein sich-einmischendes Rat-Geben. Hier gibt es kein „An Ihrer Stelle würde ich . . .", das jemanden dazu bringen soll zu tun, was ich sage. Aber meine wirkliche Anteilnahme ist sichtbar. Sie äußert sich nicht als Beschimpfung – *Sie wissen nichts von den wirklichen Bedürfnissen der Kinder –*, auch nicht als Beschuldigung – *Sie werden das ewig bedauern –*, und sie ist keine Manipulation – *Alle verantwortungsbewussten Eltern würden sich dafür entscheiden . . .* Indem ich mich auf das beschränke, was ich als richtig ansehe, und die endgültige Entscheidung der Familie überlasse, wird sich die Familie nicht unter Druck gesetzt, sondern für eine so wichtige Entscheidung besser informiert fühlen.

Eltern sind nicht auf die Aufgabe vorbereitet, mit ihren Kindern über den Tod zu sprechen. Das bedeutet, dass sie vielleicht auch gar nicht wissen, wie sich die Trauer von

Kindern äußert. Das genaue Beobachten der Kinder lässt Rückschlüsse von ihrem Verhalten auf ihre Gefühle zu. Aggressives Verhalten beim Spielen oder gegenüber anderen Menschen kann Wut oder Frustration signalisieren; möchte ein Kind nicht allein sein oder klammert es sich an einen Elternteil, hat es vielleicht Angst oder fühlt sich unsicher; das gilt auch, wenn das Kind zum Bettnässer wird oder in die Babysprache zurückfällt oder nicht mehr allein schlafen möchte. Wenn Kinder plötzlich „schwierig" werden, sich wenig kooperativ verhalten oder andere Formen auffälligen Verhaltens zeigen, kann das bedeuten, dass sie sich ausgeschlossen, verwirrt oder verängstigt fühlen.

Oft ist dann die einzig richtige Reaktion, die trauernden Kinder in den Arm zu nehmen und an sich zu drücken – es ist die einfachste Art, ihnen zu zeigen, dass sie noch immer geliebt werden und dass auch mitten in all dem Durcheinander zu Hause für sie gesorgt wird. Wenn dies mit schlichten und ehrlichen Erklärungen über das Geschehene verbunden wird, ist es weniger wahrscheinlich, dass Kinder Angst haben, sie müssten nun auch selbst sterben oder mit überzeichneten Vorstellungen vom Tod belastet werden.

Vergessen Sie auch die Jugendlichen nicht – sie wissen auch nicht mehr als die Erwachsenen, wenn es um die schwierige Frage geht, wie man sich verhalten soll, wenn ein nahestehender Mensch gestorben ist. Ihre Trauer ist nicht weniger stark und nicht weniger schwer zu tragen als die von Erwachsenen, und doch wird oft über sie hinweggegangen, weil wir annehmen, dass Kinder sich leichter von einem Schlag erholen. Lesen Sie die folgenden Äußerungen von Jugendlichen, die berichten, wie der Tod eines nahestehenden Menschen sich auf ihr Leben auswirkte.[12]

Ich war so wütend und frustriert, dass ich auf die Möbel in meinem Zimmer losgegangen bin.

Ich erinnere mich, dass ich so sehr weinte, dass ich das Gefühl hatte, mein Inneres würde nach außen gestülpt.

Ich fürchte mich noch immer, allein zu sein, und schlafe oft bei meinen Eltern.

Ich war wütend auf Gott, weil er sie weggenommen hatte. Ich mag nicht bedauert werden, aber ein Zeichen des Trostes oder eine Umarmung wären nicht schlecht gewesen.

Oft malen Kinder und Jugendliche ihre alltäglichen Erlebnisse oder sie schreiben diese Erlebnisse und ihre Empfindungen auf. Bilder oder Texte können Aufschluss geben über das, was Kinder nach einem Verlust empfinden. Kate, 11 Jahre alt, schrieb Folgendes in einem Aufsatz:

Schmerz ist wie ein heißes Messer in der Butter – er trifft dich direkt ins Herz.

Schmerz ist, wenn du Witze machst und dich vor deinen Freunden verbirgst, und die Freunde sind dann richtig wütend und wollen nicht mit dir sprechen; und der Verlust der Freundschaft ist schwer auszufüllen – er ist wie ein Schacht in der Erde, der kein Ende hat.

Den Schmerz zu beenden kann noch mehr schmerzen. Wenn der andere dir nicht zuhören will, bist du enttäuscht; du denkst, du wirst nie mehr mit ihm sprechen. Du denkst, du hast keine Hoffnung, den Schmerz in dir zu stillen.

Es ist wie bei einer Henne, die darauf wartet, dass ihr erstes Ei ausgebrütet wird, und dann ist das Küken darin tot. Es sticht in ihrem Innern; vielleicht ist es nicht richtig, wenn man denkt, wie das Küken wohl gewesen wäre; was für ein Küken es gewesen wäre, und sie kann nicht daran denken, bis das nächste Küken ausschlüpft, und dann geht der Schmerz weg.

Wie das letzte Blatt, das im späten Herbst vom Baum
fällt, und im Frühjahr ist dann alles wieder da.

Doch noch ist die Angst da, auch wenn das nächste Ei
fast ausgebrütet ist. Das Verlangen der Henne, das Küken
zu sehen, das im Ei ist, und dann ist sie enttäuscht – nichts
kann das verlorene Küken ersetzen – nichts auf Erden.

Kate sagt in diesem Text nicht, dass ihr Vater vier Monate
zuvor gestorben ist. Ihre Geschichte ist voll von Bildern der
Trauer, die nicht unbeachtet bleiben können. Wie viele andere Kinder in ihrem Alter weiß auch sie vielleicht nicht,
wie sie offen über ihre Gefühle sprechen soll. Was wäre,
wenn die Menschen sie kritisieren oder über sie lachen
würden oder ihr sagen würden, dass sie schon längst darüber hinweg sein sollte? Das Schreiben ist oft eine vertraute
und sichere Methode, etwas Belastendes auszusprechen,
und es ist wichtig für die Jugendlichen, dass wir hören,
worum es sich bei ihrem Schmerz handelt. Es ist tatsächlich wie ein Stich und trifft genau ins Herz, wenn man er-
fährt, dass der Vater nie mehr nach Hause kommt.

Kinder wie Kate behalten ihre Trauer oft für sich, und
von dieser Trauer wird keine Notiz genommen, weil die
Menschen in ihrer Umgebung nicht genügend wissen.
Manchmal, wenn ihre Gefühle missachtet werden, zeigen
uns die Heranwachsenden durch ihr Verhalten, dass sie
nicht glücklich sind. Ihre Trauer kann zu einem scheinbar
„unerklärlichen" anti-sozialen Verhalten führen wie etwa
Drangsalieren anderer, Fluchen, Vandalismus, Ungehor-
sam, Drogenmissbrauch oder risikobereites Verhalten.

Wie man mit trauernden Kindern umgehen sollte, lässt
sich am besten mit den Worten ausdrücken, die heutzutage
allgemein von Kindern benutzt werden – Komm zur Sache!
Das bedeutet, wenn Erwachsene wirklich helfen wollen,
dann müssen sie:

- die richtigen Worte benutzen, um das Wer, Was und Warum des Todes zu erklären,
- den Kindern erlauben, um Abschied nehmen zu können, an der Bestattung teilzunehmen oder den Verstorbenen zu sehen,
- den Kindern klar machen, dass sie alles fragen können, was sie auf dem Herzen haben, und ihnen dann eine Antwort geben, die mehr mit der Wirklichkeit zu tun hat als: „Du bist noch zu klein, um das zu verstehen" oder „Das ist eine unsinnige Frage. Geh doch zum Spielen nach draußen",
- verstehen, dass die Trauer von Kindern und Jugendlichen genauso wirklich ist wie die von Erwachsenen,
- sich bewusst sein, dass diese Trauer manchmal von „schlechtem" Benehmen verschleiert wird. Doch Bestrafen oder Verspotten sind nicht die richtige Antwort. Versuchen Sie im Gespräch den Grund für dieses Verhalten herauszufinden.
- ehrlich in ihren eigenen Gefühlen sein, so dass die Kinder lernen, dass auch sie ihre Gefühlen unverstellt zeigen können.

Wenn Ihr trauernder Freund Kinder hat, so ist es wichtig, dass Sie all dies wissen. Die Eltern können durch ihre eigenen Gefühle so stark belastet sein, dass sie vielleicht nur wenig Kraft und Geduld haben, sich mit der Trauer der anderen zu befassen. Darüber hinaus wissen sie wahrscheinlich auch nicht, auf welche Reaktion ihrer Kinder sie gefasst sein sollen – das eine Kind weint vielleicht öffentlich, während ein anderes gar nicht betroffen scheint und weiterhin spielt oder am Fernseher sitzt.

Sie können folgendermaßen helfen:

- Übernehmen Sie einen Teil der Hausarbeit, das Einkaufen, Kochen oder die Gartenarbeit – dadurch bekommt Ihr Freund mehr Zeit zum Zusammensein mit den Kindern.

- Ermöglichen Sie Ihrem Freund etwas Zeit zur Besinnung oder Entspannung, indem Sie mit den Kindern spazieren oder ins Kino gehen oder sie für eine Nacht zu sich nach Hause einladen. Achten Sie jedoch darauf, dass die Kinder nicht zu einer Trennung von ihrer Mutter oder ihrem Vater gezwungen werden – vielleicht ist es ihr sehnlichster Wunsch, mit Mami und Papi zusammen zu sein, ganz gleich, wie durcheinander der Haushalt jetzt ist.
- Beachten Sie, dass Kinder wahrscheinlich auch verwirrt sind. Eine Umarmung, ein paar liebevolle Worte oder eine Tüte mit ihren selbstgemachten Lieblingskeksen sind Möglichkeiten, um ihnen zu sagen: „Ich habe euch nicht vergessen."
- Lassen Sie das Kind wissen, dass auch seine Trauer von Bedeutung ist. Vielleicht können Sie einen Bilderrahmen kaufen und vorschlagen, dass ein Lieblingsbild von dem verstorbenen Menschen oder Haustier hinein getan wird. Oder Sie kaufen ein Tagebuch und sagen, das Kind könne etwas über den Verstorbenen und das, was es empfindet, aufschreiben.
- Erklären Sie Ihrem Freund oder Ihrer Freundin, dass auch kleinen Kindern am besten dadurch geholfen wird, dass man zu Gesprächen bereit ist:[13]

Ich möchte wissen, woran er gestorben ist? Wo ist er gestorben? Wie lange ist das her? Wie wurde er verbrannt? Warum durfte ich ihn nicht tot sehen? Wie sah er aus, als er tot war? Wurde er blau? –

Katrina, 10 Jahre alt

Als ich hinausgeschickt wurde, damit die Erwachsenen reden konnten, war ich neugierig, worüber sie sprechen wollten. Sprachen sie über etwas, das vielleicht passieren würde? –

Steve, 11 Jahre alt

Du solltest den Eltern sagen, dass sie ihre Kinder fragen sollen, warum sie traurig sind. Und wenn sie selbst auch traurig sind, dann sollen sie ihrem Kind sagen, dass sie auch traurig sind. Dann weiß das Kind, dass es nicht die einzige ist. –

Nancy, 9 Jahre alt

Damit Erwachsene verstehen, wie ein Kind denkt, sollen sie ganz normal mit ihm sprechen, als wäre das Kind schon erwachsen und nicht mehr zu klein, um alles zu verstehen. –

Christine, 10 Jahre alt

Noch etwas Wichtiges: Für Eltern, die den Tod eines Kindes beweinen, ist es sehr wahrscheinlich wenig tröstlich, wenn ihnen gesagt wird, dass ihre anderen Kinder, besonders die kleinen, das verstorbene Kind bald vergessen würden und daher nicht sonderlich von dem Umbruch in der Familie betroffen seien. Genauso wenig wie die Eltern selbst ihr Kind vergessen wollen, möchten sie, dass ihre anderen Kinder dies tun. Und alle Bemerkungen, die den Eltern etwas anderes suggerieren, lassen den Verlust kleiner erscheinen. Damit wird die Bedeutung des verstorbenen Kindes in der Familie herabgesetzt:

Die schmerzlichsten Bemerkungen kamen von denen, die sagten, dass Amy noch klein sei und diesen schrecklichen Verlust ihrer Schwester Jessica vergessen und sich bald nicht mehr daran erinnern werde. Das war wohl von allen Bemerkungen die schlimmste. Nach 12 Monaten spricht Amy noch immer fast jeden Tag von Jessica, wie wir beiden auch. Sie spricht von vielen guten und schlechten und traurigen Dingen, und doch traut man Kindern nicht zu, dass sie in diesem Alter ein solches Gedächtnis haben.
Kürzlich verkauften wir Jessicas Kinderbett, und an dem Tag, an dem die Dame kam, um es abzuholen, war Amy

ganz aufgeregt. Sie weinte und wollte nicht, dass es mitgenommen wurde. Wir versuchten, ihr zu erklären, warum wir es nicht mehr benötigten, aber wir konnten sehen, dass sie ärgerlich auf uns war, weil wir es verkauften. Es dauerte sehr lange, bis sie sich beruhigt hatte, und zur Schlafenszeit dachten wir, alles sei vergessen. Als sie am nächsten Morgen aufwachte, waren ihre ersten Worte: „Ihr werdet doch nicht auch noch Jessicas Fahrrad verkaufen?" Amy ist erst vier Jahre alt, aber sagen Sie uns nicht, Kinder hätten keine Gefühle.

Kapitel 10: Das Wichtigste auf einen Blick

- Es ist ganz natürlich, dass Erwachsene versuchen, Kinder vor schlechten Nachrichten und Schwierigkeiten zu schützen, wenn ein Familienmitglied gestorben ist. Manchmal fühlen sich die Kinder dann jedoch „ausgeschlossen" und ergänzen die fehlenden Teile einer Geschichte mit Hilfe ihrer Vorstellungskraft.
- Wenn Sie einem Kind erklären, dass ein Mensch oder ein Haustier gestorben ist, versuchen Sie, bei der Wahrheit zu bleiben und nicht „nette", aber irreführende Worte zu benutzen.
- Auch Kinder haben Gefühle – vielleicht fehlt ihnen aber die Fähigkeit, ihre Gefühle in Worten auszudrücken. Achten Sie auf ein verändertes oder auffälliges Verhalten – manchmal drücken die Kinder auf diese Art aus, dass sie Angst haben oder fest in den Arm genommen werden möchten.
- Kinder lernen, indem sie andere Menschen beobachten. Wenn sie sehen, dass Erwachsene ihre Tränen unterdrücken, oder wenn sie hören, man müsse vor anderen Menschen tapfer sein, dann leiten sie vielleicht daraus ab, jeder Mensch müsse so reagieren, wenn er traurig ist.

- Durch die Teilnahme an einer Beerdigung lernt ein Kind, was nach dem Tod wirklich mit einem Körper geschieht. Obwohl es für das Kind traurig sein kann, wenn es dabei ist, kann es auf diese Weise auch herausfinden, dass alles, was es im Fernsehen sieht oder in Grusel- oder Science-Fiction-Büchern liest, nur erfunden ist.
- Wenn Sie das Gefühl haben, dass Ihre trauernden Freunde ihr Kind vernachlässigen oder Entscheidungen treffen, die für das Kind nachteilig sind, sprechen Sie darüber und weisen Sie auf die Aspekte hin, die von den Eltern nicht gesehen werden.
- Sie können Kindern zeigen, dass Sie wissen, dass auch sie den Schmerz des Verlustes empfinden, indem Sie etwas Besonderes, aber nichts Aufdringliches speziell für sie tun.

11. Kapitel
Das Wichtigste zusammengefasst

Nachdem Sie dieses Buch nun fast durchgelesen haben, wissen Sie, dass das Sprechen mit einem trauernden Menschen nicht darin bestehen sollte, geeignete Worte zu finden, um ihn aufzumuntern. Sie sind sich der Gefahr bewusst, die falschen Worte zu wählen:

- *Denken Sie daran, mit wem Sie sprechen. Bemerkungen wie „Männer sind wirklich das Letzte" sind verletzend für eine Frau, die ihren Mann um alles in der Welt zurück haben möchte.*

- *Vermeiden Sie Äußerungen wie: „Ich weiß nicht, was ich sagen soll", „Ich kann das nicht gut" oder „Ich wollte nicht kommen". Wenn Worte Ihnen zu schwer fallen, sagen Sie lieber nichts. Seien Sie einfach da.*

- *Es ist in Ordnung, wenn Sie sagen: „Ich kann mir nicht vorstellen, was du empfindest" – nein, Sie können es wahrscheinlich wirklich nicht, und so soll es sein. Niemand kann sich „einfach so" in eine derart schlimme Lebenssituation hineinversetzen.*

- *Sagen Sie nicht: „Es wäre noch schlimmer, ein Kind zu verlieren", wenn jemand seinen Partner verloren hat. Das mag sein, aber das interessiert den oder die Betreffende herzlich wenig.*

- *Ich werde nie vergessen, wie Menschen die ganze Zeit über triviale Dinge wie Waschen, Kochen, andere Menschen und ihre Familien, ihre Söhne sprachen. Das verletzte mich tief. Ich dachte bei mir: wie unsensibel sie sind.*

Sie können die Trauer Ihres Freundes zwar erträglicher machen, jedoch nicht zum Verschwinden bringen, wenn Sie im Laufe der Monate mit ihm in Verbindung bleiben, denn Sie wissen ja, dass andere jetzt viel Aufhebens davon machen, dass er in die Zukunft blicken und nicht in der Vergangenheit leben solle. Andererseits wissen Sie jetzt auch, dass die Zukunft Ihres Freundes zum großen Teil davon abhängt, wie gut er mit den Ereignissen der Vergangenheit fertig wird, nicht aber davon, wie schnell er sie vergisst.

Ich habe zwar den Worten, die Sie *sagen* können, viel Beachtung geschenkt, doch vergessen Sie darüber nicht die nützlichen Dinge, die Sie *tun* können. Hier sind einige Vorschläge von trauernden Menschen:

- *Bringen Sie vorgekochtes Essen mit – aber in Plastikbehältern zum Einfrieren.*
- *Machen Sie sich Ihre Tasse Tee oder Kaffee selbst, wenn Sie den Trauernden besuchen.*
- *Bieten Sie an, für die Beerdigung Kleidung in die Reinigung zu bringen oder Schuhe zu putzen.*
- *Waschen Sie das Auto, erledigen Sie das Bügeln, gehen Sie mit dem Hund spazieren, jäten Sie Unkraut im Garten – sagen Sie nicht nur: „Wenn ich irgend etwas tun kann, ruf mich an." Wie viele Menschen kennen Sie, die anrufen und sagen würden: „Komm vorbei und erledige das Staubsaugen. Ich schaffe es nicht."*
- *„An dem Morgen nach dem Tod unseres Babys gingen wir aus dem Haus, um die Beerdigung vorzubereiten. Als wir nach Hause zurückkamen, war meine Nach-*

barin gekommen und hatte alle Windeln gewaschen, die daran erinnerten, dass hier ein Baby gelebt hatte. Ich war so froh, dass sie das getan hatte, denn es war das Letzte, zu dem ich jetzt Lust gehabt hätte."

- Besuchen Sie den Trauernden, oder rufen Sie an, nach drei, sechs, neun und zwölf Monaten. Sie können wetten, dass Sie einer der wenigen sind, die sich noch Gedanken um ihn machen.

- „Eine Freundin sammelte alle verwelkten Blumen von den Blumengebinden, die zu uns nach Hause geschickt worden waren. Dann trocknete sie die Blüten und machte daraus ein Potpourri, das sie uns in einem Glas überreichte."

- „Jemand gab uns ein Video, auf dem in zeitlicher Reihenfolge Ausschnitte von unseren Treffen und Urlauben aufgezeichnet sind. Am Anfang fiel es mir schwer, den Film anzuschauen, doch jetzt bin ich froh, dass ich ihn habe."

- „Meine Freundin organisierte einen Grillabend am ersten Todestag meines Mannes, und sie brachte Rote Bete mit – weil mein Mann niemals grillte, ohne dass Rote Bete da waren."

- „Einige Monate nachdem das Baby gestorben war, hatte unsere Tochter Geburtstag. Ich konnte einfach keine Feier organisieren, und so tat es eine Freundin an meiner Stelle; sie sorgte für den Kuchen, die Spiele und den Abwasch."

- „Es hilft mir, dass ich weiß, dass meine Freunde jeden Tag bei mir sind; sie kümmern sich mit um den Rest der Familie und tun Dinge, die ich nicht mehr tun kann und will."

Sie können noch etwas anderes tun, das ebenso hilft wie Worte und Taten: Schaffen Sie Körperkontakt. Eine Umarmung kann eine Botschaft vermitteln, die plump klingt, wenn Sie nach den „richtigen" Worten suchen. Ein Händedruck oder ein Arm, um die Schulter der Freundin gelegt, bedürfen keines Wortes. Doch beachten Sie auch, dass manche Menschen sich unwohl fühlen, wenn andere ihnen zu nahe kommen. Sie müssen Ihrem Instinkt und Verstand vertrauen, um herauszufinden, was angebracht ist. Ich habe mit vielen Trauernden gesprochen, die bestätigen, dass eine Umarmung etwas vermittelt, was Sie nicht sagen können:

Wenn ich auf die Ereignisse zurückblicke, so kommt mir keine liebevollere Geste in den Sinn als die meines Vaters. An Thomas' Grab legte er seine Hand auf meine Schulter. Papa macht nicht viele Gesten, und seine körperlichen Gebärden bedeuteten in meiner Kindheit immer eine Bestrafung. Seine Berührung bedeutet mir bis auf den heutigen Tag sehr viel.

Ich würde jedem Helfer raten, mehr an körperliche Berührungen zu denken. Wenn doch nur mehr Menschen, die sich (so offensichtlich) um mich sorgten, ihre Hand auf meinen Arm gelegt hätten oder wenigstens dicht an mich herangetreten wären oder meinem Blick ohne Ausweichen begegnet wären, dann hätte ich viel Kraft gewonnen. Berühren ist „gefährlich" für Männer – ich muss gestehen, damals hätte ich nicht das gemacht, was ich jetzt predige. Aber ich tue es jetzt. Ich würde Männer und Frauen, die zu zurückhaltend sind, andere zu berühren, drängen, sich offen dazu zu bekennen. Später würde ich mich in regelmäßigen Abständen nach Dingen wie Gesundheit, Schlaf, Essen erkundigen – also ein direktes und persönliches Interesse an dem persönlichen Leben des Trauernden zeigen, ohne vorzugeben, ich besäße eine Zauberformel, mit der die Trauer zum Verschwinden gebracht werden könnte. Das ist viel besser als stille Verlegenheit oder Nichtbeachtung.

Ich erinnere mich, dass ich die Fassung verlor, als ich einer Gruppe von Menschen von ihrem Tod erzählte. Der Mann neben mir nahm ganz ruhig meine Hand und drückte sie. Er hielt sie so lange (oder war ich es?), bis ich zu weinen aufhörte. Er sagte nichts, und doch hatte er alles gesagt.

Halten Sie sich nicht zurück. Geben Sie zu, dass Sie nicht ganz verstehen, was vor sich geht. Halten Sie, hören Sie zu, berühren Sie und lachen Sie auch, wenn es angebracht ist. Seien Sie da, und seien Sie einfach Sie selbst.

Anscheinend glauben wir, wir müssten etwas Besonderes tun, um wirklich eine Hilfe zu sein. Doch bleibt das am stärksten im Gedächtnis, was vielleicht unbedeutend scheint oder sich unvorbereitet ereignet. Das bedeutet nicht, dass Worte nicht wichtig sind; es bedeutet einfach, dass wir einem trauernden Menschen nicht nur mit Worten mitteilen können, dass wir ihm helfen möchten.

An dieser Stelle möchte ich nochmals das zusammenfassen, was besonders wichtig ist, wenn Sie helfen möchten. Das Helfen basiert auf der Anteilnahme, die sich in Worten oder in Taten ausdrückt. Sie zeigt, dass Sie von dem Verlust Notiz nehmen, die Trauer hören und die Last mit dem anderen Menschen teilen möchten. Es ist nicht realistisch, wenn Sie glauben, Sie könnten noch mehr tun oder davon ausgehen, dass Ihr Freund mehr erwartet.

Das gilt auch für das Weinen. Ich werde oft gefragt, ob es falsch sei, dass man selbst die Fassung verliert, wenn der Freund weint. Auch hier glaube ich nicht, dass Ihr Freund von Ihnen etwas anderes erwartet, als dass Sie sich natürlich verhalten – wenn Sie also ebenfalls traurig sind, so können Sie das zeigen. Ich würde sagen, dass dies auch für Mitarbeiter im Gesundheitsdienst, für Geistliche und Bestattungsunternehmer gilt. Ihre Patienten oder Klienten erwarten keine übermenschliche Kraftanstrengung von ihnen, damit sie nicht von der Trauer der anderen berührt werden. Einer der zartesten Momente, die ich erlebte, war der Anblick eines Arztes, der ein Kind in seinen Armen wiegte, das gerade gestorben war. Er streichelte das Haar des Kindes, sein Gesicht war nass von Tränen. Die Eltern des Kindes flüsterten mir zu: „Er hat sie auch lieb gehabt."

Die Tränen dieses Arztes sagen uns auch noch etwas anderes – das Helfen geschieht nicht ohne eine Art Tribut oder Opfer, das der Helfer bringen muss. Es kann sehr anstrengend sein, sich einem Menschen zur Verfügung zu stellen, der einen Berg von Gefühlen abladen muss. Das bedeutet, dass Sie auch für sich selbst sorgen müssen, sonst beginnt der Grad Ihrer Hilfsbereitschaft zu sinken. In die Praxis umgesetzt heißt das: Sie sollten sich selbst eine bestimmte freie Zeit gönnen, insbesondere, nachdem Sie gerade einen langen Besuch bei einem Trauernden gemacht oder ein langes Telefongespräch geführt haben. Frische Luft, Ihre Lieblingsmusik, Entspannung, eine Massage, etwas Bewegung oder jede andere Art, sich „selbst zu verwöhnen", geben Ihnen die positive Ausstrahlung und Vitalität zurück, die Sie brauchen, um Ihr eigenes Leben in Ordnung zu halten. Vielleicht müssen Sie Ihrem trauernden Freund sogar manchmal sagen, dass im Moment für Sie nicht der rechte Zeitpunkt für ein Gespräch sei, besonders wenn Sie davon ausgehen, dass das Gespräch eine Stunde oder länger dauern wird. Sie haben das Recht, „nein" zu sagen, und wenn Sie es so sagen, dass Ihre Sorge um den Trauernden mitschwingt, kann es auch niemanden verletzen. Vielleicht können Sie etwa Folgendes sagen, wenn Sie glauben, dass Sie Ihre eigenen Prioritäten beachten müssen:

Ich bemerke, dass du dich im Augenblick sehr einsam fühlst, aber ich wollte gerade die Kinder baden. Kann ich zurückrufen, wenn ich sie ins Bett gebracht habe? Dann kann ich auch ohne Unterbrechung mit dir sprechen.

Oder:

Es scheint, dass du heute einen richtig schlechten Tag hast. Ich wünschte, ich könnte jetzt mit dir darüber reden, aber ich muss meinen Bericht noch bis zum Mittag fertig haben. Ich würde vorschlagen, dass wir uns nach der Arbeit treffen und irgendwo einen Kaffee trinken und dann kann ich mich ganz auf dich konzentrieren.

Oder:

Du hast mich zu einem schlechten Zeitpunkt erwischt. Ich frage dich nicht gern, aber können wir jetzt nur ein paar Minuten lang reden, und morgen alles in Ruhe nachholen?

In diesen drei Aussagen wird den Trauernden gezeigt, dass ihr Bedürfnis verstanden wurde, auch wenn nicht die Zeit zur Verfügung steht, sich ihnen in diesem Augenblick angemessen zuzuwenden. Darüber hinaus weist der Helfer darauf hin, dass dieses Anliegen ihm wirklich wichtig ist, indem er einen anderen Zeitpunkt für das Treffen vorschlägt. Die meisten Trauernden werden daran wohl erkennen, dass sie nicht „abgewimmelt" werden, und entsprechend bereit sein, eine andere passende Zeit für ein Treffen zu vereinbaren.

Damit Sie sicher sein können, dass Sie möglichst effektiv helfen, vermeiden Sie den Trugschluss der Möchtegern-Helfer, sie könnten durch Reden wirklich einen Menschen aus seiner Traurigkeit herauslösen. Auch wenn ihre Absicht noch so gut ist, errichten sie in Wirklichkeit nur Blockaden, die verhindern, dass die Trauer sich äußert. Denken Sie an die Menschen, die die Trauer verjagen und den Schmerz stillen wollen, und an alle, die ähnliche Absichten haben. Sie sagen etwa Folgendes:

Der Kritiker: Du solltest jetzt darüber hinweg sein. Du bist nicht der Einzige, der so etwas durchmacht.

Der Verurteilende: Ich glaube, du bist einfach schwach. Es ist selbstsüchtig, wenn du so redest.

Der Analysierende: Du gehst jetzt durch die Phase des Zorns. Sie wird bald vorüber gehen. Betrachte es einmal logisch. Es muss einen Grund für all dies geben.

Der Tyrann: Du musst damit aufhören. Versprich mir jetzt, dass du dich wirklich bemühen wirst, aus dem Haus zu gehen.

Der Moralist: Gott hätte dir dies nicht geschickt, wenn er geglaubt hätte, du könntest es nicht bewältigen. Du wirst stärker sein, wenn alles vorüber ist.

Der Ratgeber: Ich würde an deiner Stelle die Kinder nicht mit zur Beerdigung nehmen. Wenn du meine Meinung hören willst, ich würde einem Klub oder Verein beitreten und anfangen, wieder mit Menschen zusammen zu kommen.

Der Ausweichende: Lass uns nicht über all diese schlimmen Dinge sprechen. Habe ich dir erzählt, was mir neulich passiert ist? Sprich nicht darüber, was geschehen ist. Denk einfach an die schöne Zeit.

Der Spezialist für Redensarten: Die Zeit heilt alle Wunden. Jede Sache hat auch ihr Gutes.

Der Vielredner: Ja, das erinnert mich an die Zeit, als ... Habe ich dir von meiner Cousine erzählt, die ...

Der Fels in der Brandung: *Sei mutig, sei stark. Weißt du, Weinen bringt ihn auch nicht zurück.*

Und was ist mit dem *Helfer?* Was halten Sie davon, wenn Sie einmal alles auflisten, was ein erfolgreicher Helfer tun und sagen kann? Mit anderen Worten, Sie machen selbst eine Zusammenfassung.

_____

_____

_____

_____

_____

_____

_____

_____

_____

_____

_____

_____

_____

_____

_____

_____

Sie könnten diese Linien füllen mit Ihren Gedanken zu den folgenden Themen: noch ein zweites Mal nachfragen; sich an besondere Tage erinnern; den Namen des Verstorbenen erwähnen; mehr zuhören und weniger sprechen; einfühlen statt trivialisieren; Gedanken austauschen über Augenkontakt oder Berührung; Ihre eigenen Ängste vor dem Weinen oder dem Sprechen über Gefühle überwinden; verstehen, warum Sie keine Antworten haben müssen oder „schöne" Worte oder Gemeinplätze, um die Unterhaltung aufzuheitern; Ihrem Freund zugestehen, dass er mehr als zwei oder drei Monate braucht, um wieder ein „normales" Leben zu führen, und vieles, vieles mehr.

Doch vor allem vermeiden effektive Helfer das Ausweichen:

Meine eigene Familie und meine Freunde, aber auch meine Arbeitskollegen waren merkwürdig mitfühlend. Ich glaube, ich hätte es lieber gehabt, wenn sie mir ihr Mitgefühl „entgegengebracht" hätten, statt dass sie mir aus respektvoller Entfernung zu verstehen gaben, dass sie sich tatsächlich um mich sorgten.

Verwaister Vater

Helfer hören heraus, was wichtig ist:

Die Tatsache, dass etwas auch einer Million anderer Menschen zugestoßen ist, vermindert weder die Trauer noch die Freude.

Pam Brown – Autorin und Dichterin

Und Helfer fragen nicht: „Wie kann ich dich aufheitern?" Stattdessen fragen sie: „Wie kann ich deine Last mit dir tragen?":

Da der Schmerz unvermeidbar ist, müssen Helfer darauf vorbereitet sein, den Schmerz mitzutragen, ihn als ihren Beitrag zu der Freundschaft zu akzeptieren.

Dr. Colin Murray Parkes

Kapitel 11: Das Wichtigste auf einen Blick

- Helfer sehen ein, dass wir zwar überall und jeden Tag um uns herum Verluste erleben, dass aber jeder Einzelne, wenn er einen Verlust erleidet, seine eigene Geschichte zu erzählen hat.
- Helfer wissen, dass eine Berührung des Armes, eine Umarmung oder auch einfach nur da zu sein ebenfalls zählen.
- Helfer wissen, dass „Trauerblockierer" es meistens gut meinen, aber bewusst oder unbewusst Botschaften aussenden, die es den Trauernden nicht zugestehen, ihrer Trauer freien Lauf zu lassen. Sie sind mehr darauf bedacht, ihren Freund „über die Trauer hinweg" zu bringen, als in seiner Nähe zu sein, wenn er sich „durch die Trauer hindurch" arbeitet.
- Es kann anstrengend sein, Trauernden Gesellschaft zu leisten. Zuhören ist harte Arbeit. Helfer müssen auch an sich selbst denken und, falls erforderlich, ihrer Verfügbarkeit Grenzen setzen.
- Hilfe kann von professionellen Beratern, Gott, Verwandten, Arbeitskollegen, Fremden, Freunden und von Ihnen kommen. Denken Sie daran, dass es nicht wichtig ist, *wer* Sie sind, sondern *wie* Sie reagieren – in Worten und Taten. An ihnen wird gemessen, ob Sie etwas Wirksames und wirklich Hilfreiches sagen oder tun können, wenn ein Mensch, den Sie kennen, trauert.

Mit Empathie reagieren:
Vorschläge für Antworten in den Gesprächsbeispielen in Kapitel 6

Wie würden Sie mit Empathie antworten?

Gespräch 1
Du fühlst, dass du noch nicht so weit bist, dass du ausgehen und mit anderen Menschen zusammen sein kannst.

Du meinst, du wirst dich auf dieser Weihnachtsfeier ohne deinen Freund nicht wohl fühlen.

Gespräch 2
Anne, du fragst dich immer und immer, warum du dein einziges Kind verlieren musstest.

Es ist schwer für dich, wenn du andere Familien mit ihren Kindern siehst und dein eigenes nicht mehr da ist.

Gespräch 3
Als Bruce starb, gingen jahrelange Pläne und Träume für dich verloren, und als sein Vater fühltest du dich irgendwie verantwortlich für das Auto und alles, was passiert ist.

Es scheint, dass du auf dich selbst wütend bist, weil du nicht verhindern konntest, was geschehen ist.

Gespräch 4
Es tut dir weh, Barbara, wenn du andere Leute mit ihren Kindern siehst – dem, was du dir so sehr wünschst und nicht haben kannst.

Es ist wirklich schwer, wenn du immer ein vergnügtes Gesicht aufsetzen musst, obwohl du dich innerlich so schrecklich fühlst.

Gespräch 5
Du hast das Gefühl, dir sei die Gelegenheit genommen worden, Ted zu sagen, dass du an jenem Morgen nicht so aus der Haut fahren wolltest.

Ich sehe, dass es dir wichtig ist, dass du die Sache mit Ted nicht mehr klären konntest. Du würdest gerne noch einmal die Möglichkeit haben, mit ihm zu sprechen.

Gespräch 6
Du ärgerst dich über die Art, mit der du behandelt wirst.

Du bist durcheinander, John – einmal sagen sie, alles sei in Ordnung, und gleich darauf weißt du nicht, was mit dir los ist.

Dank

Der Verlag Hill of Content, Melbourne, dankt den folgenden Personen für die freundliche Erlaubnis, Auszüge aus ihren Werken zu veröffentlichen:

Joint Board Of Christian Education of Australia and New Zealand: *Talking About Death* (1976) von Graeme Griffin.

Hill of Content Publishing: *When A Baby Suddenly Dies* (1987) von Janet Deveson Lord.

Rose Education: *Suicide Awareness Training Manual* (1992) von Margaret Appleby.

John Allison/Monkhouse Funeral Directors: *Children and Death* von Carol Irrizarry.

Barwon Paediatric Unit, Geelong: *Has A Child You Loved Died? – Report of Phone-in Survey*, durchgeführt im April 1986 vom Barwon Region Child Health Centre.

Elaine Peddy: *If You Can't Understand Me, Just Love Me* (1991).

T. J. Andrews Funeral Services: *Newsletter*, Bd. 2, Nr. 3 (1992).

Die Autorin möchte Graeme Rhind von Rhind Limited Funeral Directors, Neuseeland, für die Erlaubnis danken, die Anzeige *Es ist Weihnachten . . . und ein lieber Mensch ist nicht da* in diesem Buch zu verwenden. Aufrichtigen Dank auch an Jill Crookes, Clinical Psychologist, für ihre Anregungen und Vorschläge zu diesem Buch.

Anmerkungen

1 Griffin, Graeme: Talking About Death. Melbourne 1976, S. 14–15
2 Freud, E.L.(Ed): Letters of Sigmund Freud. New York 1961. In: Worden, J.W.: Grief Counselling & Grief Therapy. New York 1982, S.17
3 Sunday Age Agenda, 16. Juni 1991, S.1
4 Barwon Region Child Health Centre: Has A Child You Loved Died? – Report of Phone-in Survey, April 1986
5 Peddy, Elaine: If You Can't Understand Me, Just Love Me. 1991, S. 93
6 Griffin, Graeme: Talking About Death. S. 23
7 Peddy, Elaine: If You Can't Understand Me. S. 90
8 Ebd. a. a. O. S. 92
9 Appleby, Margaret: Suicide Awareness Training Manual. 1992
10 T. J. Andrews Funeral Services Newsletter, Bd. 2, Nr. 3, 1992
11 Lord, Janet Deveson: When A Baby Suddenly Dies. Hill Of Content Publishing Company, Melbourne, 1987, S. 194–197
12 Zagdanski, Doris: Something I've Never Felt Before – How Teenagers Cope With Grief. Melbourne 1990
13 Irrizarry, Carol: Children and Death. Melbourne o. J.

Literatur

Bickel, Lis/Tausch-Flammer, Daniela (Hrsg.): In meinem Herzen die Trauer. Texte für schwere Stunden. Freiburg (Herder) 1998

Buckman, Robert: Was wir für Sterbende tun können. Praktische Ratschläge für Angehörige und Freunde. Zürich (Kreuz) 1990

Egan, Gerard: Helfen durch Gespräch. Ein Trainingsprogramm für helfende Berufe. Weinheim (Beltz), 3. unveränderte Aufl. 1996.

Grollman, Earl A.: Mit Kindern über den Tod sprechen. Ein Ratgeber für Eltern. Neukirchen-Vluyn (Aussaat) 1991

Grollman, Earl A.: Lass deiner Trauer Flügel wachsen. Wenn man von einem lieben Menschen Abschied nehmen muss. Freiburg (Herder Spektrum 5021) 1998

Kast, Verena: Sich einlassen und loslassen. Neue Lebensmöglichkeiten bei Trauer und Trennung. Freiburg (Herder Spektrum 4888), 9. Aufl. 2000

Müller, Monika/Schnegg, Matthias: Unwiederbringlich – Vom Sinn der Trauer. Hilfen bei Verlust und Tod. Freiburg (Herder Spektrum 4796) 1999

Rothman, Juliet Cassuto: Wenn ein Kind gestorben ist. Trauerbegleiter für verwaiste Eltern. Freiburg (Herder) 1998

Staudacher, Carol: Tage der Trauer, Tage der Heilung. Tröstende und stärkende Meditationen. München (Scherz) 1997

Voss-Eiser, Mechtild (Hrsg.): Noch einmal sprechen von

der Wärme des Lebens . . . Texte aus der Erfahrung von Trauernden. Freiburg (Herder Spektrum 4559), 2. Aufl. 1998

Worden, William J.: Beratung und Therapie in Trauerfällen. Ein Handbuch. Bern/Göttingen/Toronto/Seattle (Hans Huber) , 2. erw. Aufl. 1999

Zagdanski, Doris: Something I've Never felt Before – How Teenagers Cope with Grief. Melbourne (Hill of Content) 1990 (nicht auf Deutsch vorliegend)

Bücher, die begleiten

Verena Kast
Sich einlassen und loslassen
Neue Lebensmöglichkeiten bei Trauer und Trennung
Band 4888
Den Blick nach vorn richten, eine neue Lebens-Leidenschaft entwickeln:
Das sind Chancen, die das Leben auch im Loslassen reicher machen.

Monika Müller/Matthias Schnegg
Unwiederbringlich – Vom Sinn der Trauer
Hilfen bei Verlust und Tod
Band 4796
Erfahrene und kompetente Begleiter sprechen hier über einen Lebens-
abschnitt, der zu oft verdrängt wird. Ihre Erfahrungen und Reflexionen
sind wirkliche Hilfe zum Leben.

Mechtild Voss-Eiser
„Noch einmal sprechen von der Wärme des Lebens...“
Texte aus der Erfahrung von Trauernden
Band 4559
Starke Texte wider das Vertrösten und Verdrängen, die Trauernden aus
der Seele sprechen.

Earl A. Grollmann
Laß deiner Trauer Flügel wachsen
Wenn man von einem lieben Menschen Abschied nehmen muss
Mit einem Beitrag von Liliane Juchli
Band 5021
Einfühlsame Texte, die helfen, Trauer zu wandeln und neue Lebens-
energien zu finden.

HERDER spektrum

Johann-Christoph Student
Im Himmel welken keine Blumen
Kinder begegnen dem Tod
Band 4967
Sensibel, ehrlich, tröstlich: „Antworten auf die brennenden Fragen aller
Betroffenen" (Ja zum Kind).

Daniela Tausch-Flammer / Lis Bickel
Wenn Kinder nach dem Sterben fragen
Ein Begleitbuch für Kinder, Eltern und Erzieher
Band 4882
Zwei erfahrene Autorinnen helfen einfühlsam, Tod und Sterben als
natürlichen Teil des Lebens anzunehmen und zeigen, wie wir Kinder in
ihrem Schmerz und ihrer Trauer behutsam begleiten können.

William C. Kroen
Da sein, wenn Kinder trauern
Hilfen und Ratschläge für Eltern und Erziehende
Vorwort von J. Christoph Student
Band 4670
Kinder trauern anders als Erwachsene und haben ein anderes Verständ-
nis vom Tod. Ein wertvoller Ratgeber für alle Erwachsenen, die ein Kind
verstehen und unterstützen wollen, ergänzt durch Erfahrungsberichte
von trauernden Kindern.

Ruth Eder
Ich spür noch immer ihre Hand
Wie Frauen den Tod ihrer Mutter bewältigen
Band 4447
Erwachsene Töchter erzählen von Sehnsüchten, vom Ringen um Liebe
und vom warmen Kontakt: offen, schmerzlich und bewegend.

Stephen Levine
Sich öffnen ins Leben
Begegnungen und Gespräche mit Schwerkranken, Sterbenden
und Trauernden. Wie wir behutsam begleiten können
Band 4999
Leben bis zuletzt – für alle, die helfen wollen.

HERDER spektrum

Lis Bickel/Daniela Tausch-Flammer
In meinem Herzen die Trauer
Texte für schwere Stunden
Ein Begleitbuch
188 Seiten,Klappenbroschur
ISBN 3-451-26540-0

Einfühlsame Texte, die sich in jahrzehntelanger Erfahrung als sehr
hilfreich bewährt haben, begleiten Trauernde auf ihrem schweren Weg.

Anne Hosansky
Wege durch das Land der Trauer
Eine Frau findet nach dem Tod ihres Mannes
neue Lebensmöglichkeiten
224 Seiten, Klappenbroschur
ISBN 3-451-23955-8

Vom Weg durch das Land der Trauer – und vom Licht am Ende des
Weges. Bewegend, einfühlsam und ermutigend.

Juliet Cassuto Rothmann
Wenn ein Kind gestorben ist
Trauerbegleitung für verwaiste Eltern
192 Seiten Klappenbroschur
ISBN 3-451-26610-5

Wenn Eltern ein Kind verlieren, bricht eine Welt zusammen. Die
Autorin – selbst Betroffene – beschreibt einfühlsam, wie man mit den
eigenen Gefühlen und den Reaktionen anderer umgehen kann. Ein
praktischer und einfühlsamer Ratgeber.

Barbara Leisner
Abschied nehmen
Praktischer Rat und Hilfe in den Tagen der Trauer
200 Seiten, Paperback
ISBN 3-451-26084-0

Wer einen lieben Menschen durch Tod verloren hat oder sich darauf
vorbereiten muss, oder wer trauernden Hinterbliebenen beisteht, findet
hier kompetente Hilfe für die schweren Tage zwischen Tod und Bestattung und für die Zeit danach.

HERDER spektrum